REFLEXIONES EN MI ESPEJO MÁGICO

LECCIONES DE AMOR DE LA ESCUELA DE LA VIDA

ESPIRITUALIDAD 104

Dr. Iván Figueroa Otero

CRÉDITOS

Autor: Dr. Iván Figueroa Otero
Edición: Yasmín Rodríguez, The Writing Ghost, Inc.

Diseño y Arte de cubierta: Gil Acosta Design
Montaje y Producción: The Writing Ghost, Inc.

Este libro y todo su contenido es resultado de la imaginación y pensamientos del autor. Este libro no representa ni reclama ser otra cosa que la opinión sincera del autor sobre los temas tratados.

Catalogación de la Biblioteca del Congreso 2019935891

ISBN 978-0-9964666-0-8

Primera Edición, 2019
Libro #4 de la serie de libros del Dr. Figueroa Otero:
"Escuela De La Vida"

RESEÑAS

"El material de este libro es un tesoro de consejos prácticos para todos en general. Es una gran guía para encaminar nuestro diario vivir con una oración y un pensamiento que nos dirija a todo lo positivo que podemos crear en nuestro laboratorio cerebral."

Dr. Norman González Chacón, prócer de la medicina natural y el estilo de vida bioético.

"'El hombre bueno, de su buen tesoro envía cosas buenas.' Esa expresión del Gran Maestro describe la esencia de ser humano que es el doctor Iván Figueroa, quien una vez más derrama magistralmente ese tesoro de enseñanzas a través del Espejo Mágico. Este valioso libro recoge pensamientos de mucha profundidad para ayudar a liberarnos del entrampe limitado del mundo tradicional y abrirnos a nuevas puertas interdimensionales. Nos enseña cómo soltarnos de las ataduras impuestas por los sufrimientos y fracasos y a dibujar en nuestros corazones la esperanza de volver a amar y ser amados incondicionalmente.

Constituye, por lo tanto, la llave maestra que nos permitirá abrir los barrotes que encierran nuestras emociones y que han enfermado nuestro ser."

Profesor Héctor Díaz Rodríguez

Catedrático, Universidad de Puerto Rico, Recinto de Río Piedras

"Estos comentarios son mi opinión sobre el cuarto libro del Dr. Figueroa, una obra que lo constituye ya en un escritor y maestro maduro y sabio. Sus libros complementan su obra en el área del saber de la espiritualidad, así como la espiritualidad complementa su vocación de médico: la dualidad del saber.

La organización del libro en "citas" es original y permite al lector mirarse en múltiples espejos que son a la vez descripciones de las múltiples dimensiones de la existencia humana. A su vez son fragmentos en el hilo de la vida, que son de valor para todas las edades.

Es un libro de religión y psicología, raciocinio y empirismo, ciencia y poesía, psicología diagnostica y consejos. Refleja lo aprendido en la vida al enfrentarse con el dolor humano en todas sus dimensiones, causas y contrastes, al identificarse con la empatía del medico y del humano, y al transformar la Compasión en acción a través de la Caridad (notar la "C" mayúscula).

Trabaja, como en sus otras obras, los contrastes incongruentes de la realidad demostrando su conocimiento de la visión dual taoísta. Su visión holística armoniza la ciencia, el espíritu, lo moderno y lo eterno, borrando líneas y creando un todo universal en la metáfora del espejo mágico.

Es un libro, además, eminentemente práctico, no solamente elaborando y presentando consejos generales sino con técnicas específicas de cómo, poco a poco y con paciencia, perseverancia y disciplina, llegar a la Totalidad, a la Paz, y a la Felicidad Aristotélica ("fulfillment"). De gran valor es su énfasis en el Perdón para desvestirse de ataduras destructivas, en la Autocrítica (introspección, autoexamen) para llegar al conocimiento, y en el Amor como método y como meta.

Es un libro obligado para todas las edades, de fácil lectura, profundo conocimiento, aplicación existencial y guía en la vida."

Dr. Eduardo Santiago-Delpín

Inmunólogo y Cirujano de Trasplantes, Profesor Distinguido, Universidad de Puerto Rico

"Este libro tiene la música por dentro, ya que puso a bailar mi alma con la salsa del Espíritu."

Choco Orta

Cantante y percusionista de salsa, actriz y defensora de los derechos de la mujer.

"Decía Unamuno que en el interior del hombre reside la verdad. Si partimos de esta premisa nos preguntamos cómo se llega a ese interior. El Dr. Iván Figueroa Otero nos facilita el camino en su más reciente libro: Reflexiones en mi Espejo Mágico. Desde sus primeros escritos este autor integra salud del cuerpo a la del alma, a la del espíritu. Nos traza la ruta holística de un compromiso individual para enfrentarnos a nuestros laberintos construidos por miedos, sentido de culpa, carencia del auto-perdón y tantos otros sentimientos tóxicos tan detrimentales a nuestra salud física y mental. Este nuevo libro nos recuerdo un yo espejo pero no el sartreano sino aquél que nos mira y nos habla ofreciéndonos sabiduría para lograr una vida plena aún en las adversidades o crisis existenciales. Va tejiendo un pensar profundo y pensamientos simples y concretos para superar los retos a los que nos enfrentamos desde el afuera sin olvidar que siempre ha sido el adentro, porque allí reside la verdad."

Prof. Beatriz Rosado

Directora del programa Investigando y Rebuscando de la Cadena Radio Universidad de Puerto Rico.

OTROS LIBROS DEL AUTOR

Espiritualidad 101

Para los Colgaos en la Escuela de la Vida

Un Repaso Para el Examen Final

Espiritualidad 1.2

Para los Desconectados de la Escuela de la Vida

Un Repaso Para los Tekkies

Espiritualidad 103

La Clave del Perdón

Descifrando la Luz de Nuestras Sombras

DEDICATORIA

Dedico este libro a todos los maestros, discípulos y pacientes con los cuales he participado en la escuela de la vida, quienes me inspiraron a compartir todas sus experiencias y lecciones. Fueron especialmente mis pacientes quienes, con los testimonios de sus lecciones de amor, me guiaron a encontrar la clave del perdón para penetrar en el código de sanación del alma. Sin ellos, no hubiera sido posible mi progreso escolar en el salón universal.

Si en la reflexión del espejo de este libro algunos de ustedes redescubren su luz distorsionada por sus sombras, compartan el mérito de los resultados con sus condiscípulos, y el aprendizaje que se obtenga de su lectura.

Tabla de Contenido

AGRADECIMIENTOS

Entre todos los viajeros que han compartido esta interminable travesía en la reflexión del Espejo Mágico quiero agradecer especialmente a mis hijos, a su madre, y a mi paciente esposa Ivette, que con tanto cariño han apoyado mis locuras de viejo.

Especialmente agradezco la guía espiritual de mis maestros de la tradición budista tibetana Nyingma, los venerables Khenchen Palden Sherab Rinpoche y Khenpo Tsewang Dongyal Rinpoche, de los cuales aprendí gran parte del entrenamiento de la mente que me facilitó plasmar en este libro la maravillosa sabiduría del espejo de nuestras mentes. Igualmente reconozco la influencia primordial sobre este libro de los seis tomos del Ser Uno en www.elseruno.com, canalizados por su autora/canalizadora Franca Rosa Canónica.

Finalmente, mi agradecimiento a mi madre, Doña Berta, por las horas que pasó leyéndome la biblia cristiana durante mi niñez, asegurándome que en algún momento me fortalecería en los momentos difíciles de mi vida.

No puedo dejar de reconocer las lecciones de amor que mis pacientes me ofrecieron con sus testimonios de vida, de donde sale la sabiduría de la clave del perdón como herramienta esencial para encontrar nuestra sanación. Y no puede quedarse mi editora, Yasmín Rodríguez, quien con su sensibilidad a mi mensaje supo mantenerlo con pureza al editar y traducir la obra original.

"El maestro no es más que un discípulo, a quien le gusta ayudar a otros a encontrar su maestría"

"El arma del verdadero Guerrero de la Luz es la compasión y la paciencia para esperar que el otro aprenda lo que ya él aprendió"

"No respondas con tus sombras al Guerrero de las Sombras. Responde con tu luz para que él pueda descubrir la suya"

Iván Figueroa Otero, MD

INTRODUCCIÓN

Al finalizar nuestra trilogía de libros, debemos pausar y felicitarnos tanto ustedes los lectores como yo que soy el autor, por haber terminado exitosamente nuestro nivel básico del currículo de la Escuela de la Vida. Ahora estamos listos para el próximo nivel curricular que les ofreceré en la próxima serie de libros. Ya debemos tener claro quiénes realmente somos, de dónde nos originamos y hacia dónde nos dirigimos. Debemos reconocer la importancia de nuestra contrastante dualidad como hijos biológicos de la materia e hijos energéticos del Espíritu. También debemos saber que ambas experiencias son simultáneas y que están holográficamente intercaladas en una sinfonía armoniosa de amor, entendimiento y compasión, donde se espiritualiza la biología y se humaniza el espíritu.

En nuestro primer libro, Espiritualidad 101, nos encontramos en un universo donde todos los estudiantes en diferentes niveles de aprendizaje compartimos esta experiencia como un gran salón de clases en la Escuela de la Vida. Todo examen incluye una experiencia educativa muy individual, aunque fracasemos en la prueba, ya que el universo nos permite retomarla nuevamente hasta que aprendamos nuestra lección de amor. En esta escuela no existen los colgaos, sino solo aquellos que dejan de tomar nuevamente sus exámenes.

En nuestro segundo libro, Espiritualidad 1.2, adaptamos el mensaje religioso tradicional a uno más cibernético para llevar el mensaje fácilmente a las mentes juveniles. Aquí, la felicidad estriba en evitar desconectarnos con el programador primordial del universo, y en no permitir la corrupción de su programa original por medio de los virus del egoísmo e individualismo. Esa corrupción que distorsiona las mentes (navegador) de los programadores hace la navegación por las redes cibernéticas del universo una muy inconsistente y desagradable. La solución a esta paradoja es que, como todo proceso de sufrimiento se origina en la corrupción del programa original, solo tenemos que reprogramar nuestros programas y remover los virus.

En el tercer libro, Espiritualidad 103, se discute más en detalle la corrupción de nuestros programas con una visión psicológica y espiritual. Aquí, la culpa por los errores cometidos en nuestras experiencias pasadas, y las emociones tóxicas que nacen de esa culpa, crean distorsiones ficticias de la imagen original de nuestro espejo mágico (mente primordial). Estas distorsiones (sombras) crean campos de batalla emocionales donde nosotros como guerreros nos auto infligimos heridas (culpas) que nos atrapan en prisiones mentales de sufrimiento y que no nos dejan encontrar la felicidad en nuestro pasadía universal.

Este libro, Reflexiones en mi Espejo Mágico: Lecciones de Amor de la Escuela de la Vida - Espiritualidad 104, es un repaso detallado de todas las lecciones de los primeros tres niveles para los que los leyeron, pero también es un compendio muy completo para los estudiantes avanzados de otros cursos que llegan de otras escuelas y que desean incorporarse al próximo nivel sin leer los primeros libros. Después de leer las citas del 104 y su explicación, los nuevos discípulos deberán decidir si continúan con los próximos niveles o si deciden leer los niveles anteriores antes de proseguir en nuestro sistema escolar.

Espiritualidad 104 hace una selección representativa de 52 citas que aparecen en los primeros tres libros. Estas citas representan la sabiduría que nuestras mentes destellan de nuestros espejos, como vitrinas creativas que nos hacen recordar la magia depositada en nuestro corazón por nuestro creador. La detallada discusión incluida con cada una nos permitirá estudiarlas y ponerlas en práctica. Son lecciones semanales que nos prepararán para el próximo nivel educativo de nuestra escuela universal. Este formato se presta para usarse en grupos de lectura semanales, donde los testimonios de los participantes añaden autenticidad práctica a la experiencia escolar. Como siempre, cada discusión tiene ejercicios para poner en práctica la lección de amor escondida en cada cita. El libro Espiritualidad 104 representa la transición de la trilogía 100 a la 200, que simboliza la segunda fase del camino de regreso a nuestro origen de partida en nuestro viaje exploratorio multidimensional.

El símil del Espejo Mágico representa la mente creadora primordial del universo, a la que tradicionalmente le asignamos el nombre de Dios, donde la creación aparece en una explosión imaginaria instantánea de amor. Ahí se crean los espejos (mentes) a la imagen y semejanza de sus hijos. Estos espejos tienen la responsabilidad, bajo su libre albedrío, de descubrir y organizar toda la manifestación creativa del Espejo Mágico, y asegurar que la luz y el amor del Creador se refleje en todos sus rincones. Pero tal y como estudiaron en los primeros niveles, el mantener la pureza reflectora de nuestros espejos no es tan fácil como lo habíamos entendido.

Es mi más sincero deseo que estas citas rellenen las lagunas educativas que aún les quedaron después de los primeros tres niveles y los motive a unirse la segunda fase de nuestro viaje de regreso.

POEMA
La Magia de mi Espejo

La magia de mi espejo está en la
inclusividad de su reflexión,

Tal como su sabiduría, como en un espejo,

Fue reflejada al principio

De la gran explosión reflexiva de amor,

Que estaba repleta de la intención mágica
de la creación.

Así permitió que su amorosa inclusividad

Bañara totalmente

Cada rincón dimensional con su brillantez.

De aquí surge la gran responsabilidad de
atenernos

A las infinitas tonalidades consecuentes de
nuestras decisiones

Que dan origen a las fuerzas emocionales
distorsionadas por la ignorancia.

Ellas oscurecieron la bella pureza de
nuestra inclusiva imagen original

Reflejadas como meras sombras de su
formato original.

El apego que nació de la pérdida de
nuestra visión mágica inclusiva

Dio origen a un nuevo universo lleno de las
deformes y exclusivas sombras

Creadas por nuestro ego,

La falsa sustitución de nuestro Espejo
Mágico.

Pero el distorsionado recuerdo de la
brillantez original

Nos motivó a escudriñar en la
tenebrosidad de las sombras encarceladas

En la subconsciencia de nuestra mente,

La luz inclusiva de nuestra imagen original.

Es durante ese acto valeroso que
encontramos la clave

Para descifrar la luz escondida bajo las
penumbras creadas por nuestra ignorancia,

El perdón,

Permitiéndonos borrar las sombras
imaginarias

Para encontrar las lecciones de amor

Que devolvieron la inclusividad a la mágica
reflexión de nuestros espejos.

CITA #1

El camino del medio es uno muy tortuoso, ten paciencia.

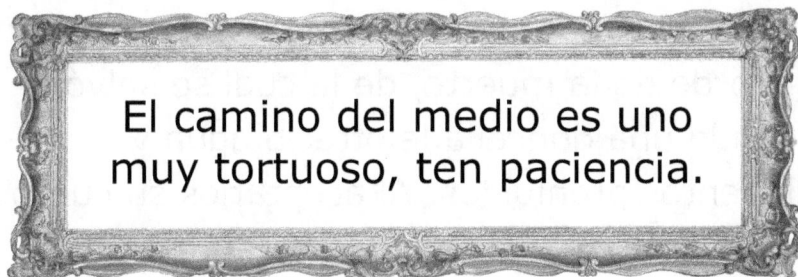

Este dicho, original de la filosofía budista, surge del esfuerzo para modificar la posición extrema de la filosofía Hindú de calificar el universo en polaridades opuestas entre lo material (impuro) y lo espiritual (puro). Aquí el proceso de desarrollo espiritual estaba dirigido a la purificación de los atributos materiales del cuerpo que inhibían el estado de iluminación. Esto creó un sistema de prácticas de yoga de abstinencia extrema de toda acción física y mental que, según los practicantes de la época, era la única forma de obtener el estado supremo de realización espiritual.

El Príncipe Gautama, el Buda, al empezar

la búsqueda del significado del sufrimiento en la vida del hombre, usó todas las variantes ascéticas existentes, pero fracasó en encontrar la contestación a sus preguntas. Un día el ayuno de alimento excesivo lo llevó al borde de la muerte, de la cual se salvó cuando una doncella le ofreció agua y alimentos prohibidos. Al aceptarlos su cuerpo comenzó a recuperarse y su mente a funcionar con más claridad. Durante esta nueva etapa él comenzó a meditar nuevamente. La tradición dice que un día cerca de la orilla del río oyó la siguiente conversación de un maestro de música con su discípulo, navegando las aguas, que lo llevó a desarrollar la filosofía del Camino Medio. El maestro, que deseaba que su discípulo tuviera la maestría para tocar el laúd, le pregunta, "¿Cómo suena mejor tu instrumento - cuando afinas fuertemente las cuerdas o cuando las ajustas levemente?" El estudiante le contesta: "Suena mejor cuando ni las ajusto fuertemente ni ligeramente, sino cuando las afino en su punto medio". El Buda, en su estado contemplativo, comprendió que la mente, como las cuerdas, debe estar en equilibrio de acuerdo la melodía (experiencia) que desea tocar en ese momento. De aquí nace la enseñanza del Camino Medio.

Mi visión del camino del medio se basa en las filosofías orientales del Taoísmo y Budismo, donde toda experiencia universal está en un equilibrio continuamente cambiante. Ninguna de las variables manifestaciones es innecesaria o perjudicial, ya que cada una tiene un rol educativo para el bienestar colectivo de los seres que comparten la experiencia. Por eso en mi tercer libro, Espiritualidad 103: La Clave del Perdón, comparto la cita, "Las sombras solo son tonalidades de la luz, y la luz tonalidades de las sombras", donde, "Debemos aprender a encontrar la luz escondida en nuestras sombras".

El camino medio es la manera de enfrentar todos estos desvíos de nuestro camino trazado, sin perder mucho tiempo en ellos y sin perder de vista el destino final. Estas alteraciones tortuosas en nuestra ruta, que parecerían ser pérdidas de tiempo desagradables en algunos momentos, y en otras maravillosas experiencias, siempre resultan en la prolongación de la llegada a nuestro destino final. La filosofía del camino medio nos motiva a aprender a desviarnos menos y a acortar el tiempo en los desvíos. Nos provee el aprendizaje de todas las divergencias de la ruta, sean buenas o malas, como un mapa (la paciencia) para dirigir al caminante por un sendero más directo a su meta.

Ejercicios para interiorizar el mensaje

Comiencen con la práctica de la Meditación del Baño Colorido de Amor (ver referencias y recursos).

Luego escojan dos experiencias de sus vidas contrastantes en felicidad y tristeza. Visualicen todos sus detalles y apunten las emociones que se asocian con ellas. Ahora revisen todas las otras experiencias que luego resultaron de cada una de ellas a corto y largo plazo y observen si estas resultaron en sentimientos opuestos a los originales.

Ejemplos de experiencias: un noviazgo que acaba en una desilusión amorosa, un nacimiento de un hijo versus las experiencias contrastantes durante su crianza, un nuevo puesto que produce retos y resultados no esperados. Observen cómo hay una apreciación contrastante de las experiencias buenas y malas, donde todas se convierten en lecciones de amor. ¿Se recuerdan de su desilusión al obtener muchas de sus grandes metas?

CITA #2

Una sonrisa en las tinieblas de la tristeza es como un faro que nos guía hacia la tierra del amor.

Para explicar esta oración tomo como referencia la discusión de mi libro, Espiritualidad 103: La Clave del Perdón, sobre el origen del sufrimiento.

"El guerrero que no entiende de dónde viene y quién realmente es se siente perdido en una batalla interminable con el tiempo y el cambio que él mismo ha creado con sus hábitos." Este es el ser que no reconoce su origen espiritual como hijo de Dios, y cree que solo es hijo del hombre biológico, que tiene como destino el nacer y morir. El hijo de Dios siempre sabe de dónde viene y a dónde irá después de la muerte, pero el hijo del hombre no sabe si existe algo más allá de la muerte biológica. Este ser vive en un estado continuo de miedo a morir que lo fuerza a aprovechar su tiempo y buscar todo lo que él piensa le dará felicidad. Este miedo a la muerte da origen al egoísmo, la razón principal del sufrimiento humano.

La búsqueda individual de gratificación origina la discrepancia que tiene con otros seres sobre lo que realmente es la felicidad. Esto lo enfatiza este texto de mis libros, "La búsqueda de la felicidad es de las pocas acciones en donde los seres humanos tienen concordancia absoluta, aunque no estemos de acuerdo en qué es y cómo encontrarla." Y se aclara con este otro texto, "Vivir, si lo hacemos con egoísmo y falta de conciencia de nuestra interdependencia con las leyes del universo y otros seres, se convierte en una pesadilla de sufrimientos con momentos breves de felicidad".

La tristeza de la oración discutida se origina del vacío insaciable del alma sedienta de amor que el hombre no puede satisfacer con las sensaciones mundanas del ego. La felicidad debe ser un estado de balance interior (bienestar) de la mente, que no dependa de lo que esté pasando fuera de ella.

La sonrisa de un ser que ya reconoce que es un hijo de Dios está llena del amor que proyecta de su origen, muy parecido a la luz de un faro que proyecta esperanza a los marinos perdidos en las tormentas emocionales de sus vidas.

Ejercicios para interiorizar el mensaje

Comiencen con la práctica de la Meditación del Baño Colorido de Amor (ver referencias y recursos).

Recuerden los momentos más tristes de sus vidas y qué eventos los ayudaron a sanar esa tristeza. A veces estas experiencias venían en conjunto con experiencias agradables que mitigaban los aspectos tristes. En ocasiones compartir con otros nuestros pesares o leer libros donde se comparte cómo otros han subsanado situaciones similares puede aliviar el impacto negativo. Un abrazo solidario y una sonrisa infecciosa podrían desencadenar un proceso de apertura a la sanación. Entender que en el pasado nos hemos recuperado de situaciones similares es otra fuente de sanación. Finalmente, cabe recordar que nuestro verdadero origen transciende la experiencia humana y que toda experiencia negativa esconde una lección de Amor. No olviden que todos podemos ser como faros de luz para otros con una sonrisa si reconocemos que esa sonrisa reside en nuestros corazones.

CITA #3

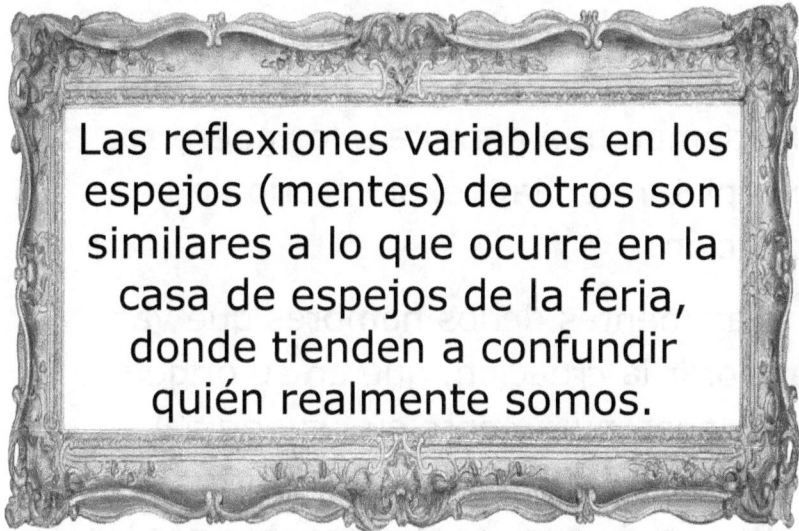

Las reflexiones variables en los espejos (mentes) de otros son similares a lo que ocurre en la casa de espejos de la feria, donde tienden a confundir quién realmente somos.

Para profundizar en el significado de esta oración nuevamente usaré como referencia mi libro Espiritualidad 103: La Clave del Perdón. En su glosario defino el espejo como la mente humana hecha en imagen y semejanza a la mente primordial. Es ahí donde Dios va reflejando su amor creativo en su Espejo Mágico, del cual se originan las dos mentes: la mente transcendental (Dios, o anti-material) y la mente relativa (hombre, o material). Ambas son manifestaciones de la conciencia del Guerrero de la Luz y del Guerrero de las Sombras, respectivamente. Esto representa el estado potencial de todo el proceso creativo del universo que existía antes del Big Bang. En mi libro, la mente (espejo) representa el vehículo o máquina del tiempo que permite a los guerreros completar su viaje exploratorio de la creación.

Las mentes de los hombres que van explorar la creación, que en su origen reflejaban puramente su luz original, empezaron a distorsionar la pureza de la reflexión de sus espejos-mentes por las experiencias emocionales o sentimientos negativos que observaban en su travesía. Esto empezó a presentarse como distorsiones o sombras de las imágenes reflejadas en sus espejos-mentes. Para aclarar el significado, cito otra oración de mis libros, "La claridad de tu reflexión en el espejo dependerá de la pureza de tu visión". Según la mente de los hombres va descubriendo la creación, cada uno de ellos reflejarán en sus espejos muchas visiones discrepantes de las mismas experiencias según varían sus vivencias individuales y su intercambio de conocimiento. Esto finalmente resulta en polémicas entre los viajeros sobre quién tiene la razón, las cuales dificultan el entendimiento real de las experiencias.

La oración hace uso de las imágenes distorsionadas en los espejos de las casas de risa como un símil a lo que ocurre como nos vemos unos a otros en nuestras interacciones humanas, donde nuestras experiencias opacadas por las emociones no nos dejan vernos auténticamente ni en nuestro espejo, ni en el de los otros seres. En mi libro enfatizo que la única forma de ver quién realmente somos es reconociendo que hay distorsiones o sombras en nuestros espejos y en los de los otros, y que debemos aprender cómo limpiar la distorsión de nuestros espejos con el "Windex" del perdón. Después de todo, somos los responsables por su alteración.

Para tener una visión pura de nuestra reflexión (autoestima correcta) y entender que realmente somos hijos de la luz no podemos depender de los reflejos en los espejos de otros, aunque sean nuestros seres más queridos. <u>Solo mirándonos con los ojos del espíritu en su Espejo Mágico, podremos vernos en nuestra pura luz.</u>

La personalidad de los humanos está compuesta por: programas heredados en el ADN de sus antepasados; por lo aprendido de sus experiencias de vida, que incluye la influencia de sus padres; la educación escolar y religiosa; y lecturas autónomas de libros. La influencia de los padres, sea negativa o positiva, usualmente es la que más se graba en sus características. Todas estas influencias, por ser grabaciones conscientes o subconscientes, podrían ser reprogramadas hipotéticamente si la persona hace uso de una profunda introspección de su vida con el apoyo de terapeutas apropiados y seres queridos.

Aunque podemos hacer uso de las percepciones de otros sobre nuestra personalidad y de las guías "normales" de libros de psicología, debemos recordar que lo que ellos ven en nuestro espejo también tiene su grado de distorsión y no podemos usar solo estas opiniones como fuentes de reprogramación. Sí, podemos normalizar nuestras acciones en esos parámetros establecidos por nuestras relaciones y terapeutas, pero nuestra fuente principal de transformación es la que se origina y refleja de nuestro Espejo Mágico (mente), después del uso del perdón para entender y limpiar todas las sombras falsamente creadas por nuestras experiencias emocionales.

Ejercicios para interiorizar el mensaje

Comiencen con la práctica de la Meditación del Baño Colorido de Amor (ver referencias y recursos).

Hagan una lista de sus atributos de personalidad buenos y malos (pueden consultar a seres queridos). Observen si algunos de estos provienen de sus padres, y si no, ¿de dónde los copiaron? Noten cómo algunos solo se presentan en situaciones difíciles o de estrés. Estos usualmente se manifiestan de épocas pasadas y en estados normales no aparecen. Las características que deseamos obtener deben ser basadas en la ley de oro, donde nuestras acciones deben ser cónsonas con no hacer a otros lo que no nos gusta que nos hagan. Esta ley nace de la empatía de nuestra hermandad como hijos de Dios, donde aplican las citas bíblicas, "Ama al señor tu Dios con todo tu corazón, con todo tu ser, y con toda tu mente. Ama a tu prójimo como a ti mismo." (Mateo 22:34-40) Y esta otra, "Les aseguro que todo lo que hicieron por uno de mis hermanos, aún por el más pequeño, lo hicieron por mí." (Mateo 25:40-46)

Muchas de las características negativas quedan programadas en el subconsciente durante las etapas de juventud. Son lecciones de amor no comprendidas que se archivan como fracasos, culpas o vergüenzas por expectativas irreales de perfección impuestas por otros o nosotros mismos. Son estas las que en mi libro Espiritualidad 103 se sanan con la clave del perdón, entendiendo que son errores de mentes en crecimiento o lecciones de amor. Debemos recordar que la mente primordial (Espejo Mágico) no enjuicia ni castiga ya que el libre albedrío, con paciencia y compasión infinitas, nos permite aprender de nuestros errores.

Revisen sus vidas, piensen en las épocas de eventos más difíciles y observen cómo ahora no las ven tan catastróficas como en el pasado. No pasen juicio por sus fracasos, pero siéntanse orgullosos del aprendizaje que los llevó a ser mejores seres humanos. Entiendan que los programas recibidos de sus padres son los que ellos recibieron de los suyos y que no pudieron romper con la cadena de programación aunque a ellos no les gustaban. Dialoguen con sus padres sobre esto y descarten los patrones que los hacen infelices a ustedes y a otros basados en la ley de oro.

CITA #4

Debemos recordar todas las experiencias difíciles o dolorosas como lecciones de amor.

El perdón nace al realizar que toda acción que genera fracaso o sufrimiento no es un castigo, sino una lección de amor que nos enseña a no hacerla nuevamente. A mis pacientes les digo, "los hombres más sabios son los que más se han equivocado". Para entender lo que es una lección de amor les relato la siguiente anécdota. Un día mientras la madre está lavando platos observa que su hijo de 3 años se acerca a la hornilla de gas donde tiene el caldero de arroz y trata de acercar su mano al fuego. La madre corre rápidamente y le pega al hijo en su manita, gritando ino, no, eso es malo! El niño reacciona llorando al no comprender su castigo.

Diez años más tarde, estando él cuidando a su hermano menor de 3 años ve que su hermanito se acerca a la hornilla y trata de hacer lo mismo, y él le pega en su manita y lo aleja del peligro. Es en ese instante que aprende la lección de amor que su madre le había tenido que aplicar en el pasado. De la misma manera, Dios nos expone a situaciones difíciles donde vamos aprendiendo a vivir con más consciencia por medio de muchas lecciones de amor que rectifican nuestros desvíos en el camino, y no es sino hasta mucho tiempo después que empezamos entenderlas.

El libre albedrío nos da la oportunidad de aprender escogiendo entre múltiples opciones que tienen resultados muy variables. Todas esas experiencias, buenas o malas, se acumulan como sabiduría que usaremos en decisiones futuras. No existe una experiencia que no nos brinde lecciones de amor.

Ejercicios para interiorizar el mensaje

Comiencen con la práctica de la Meditación del Baño Colorido de Amor (ver referencias y recursos).

Revisen todas las lecciones de amor que la vida les ofreció y busquen lo aprendido que aplica a sus vidas actuales. Pregúntense si tenían la madurez y el entendimiento para comprender el evento. Casi nunca, en el pasado, teníamos la madurez para entender el evento como una lección de amor. No se avergüencen por no tener la capacidad para procesar la experiencia, pues ustedes no sabían lo que hacían.

Practiquen la clave del perdón discutida en mi libro Espiritualidad 103 para liberar la culpa asociada a nuestros errores del pasado (ver copia en los materiales de estudio).

CITA #5

Si no aprendes a escuchar la música del espíritu nunca podrás bailar el baile de la vida con ritmo.

El universo en su totalidad es como una partitura melódica de amor. Si no afinamos el oído del espíritu aprendiendo el significado de nuestras lecciones de amor y usamos el oído terrenal estaremos propensos a oír solamente las melodías desafinadas que se originan del universo material y que ensordecen la música armoniosa que se difunde de la parte más profunda de nuestro espíritu.

Cuando aprendemos a atenuar el ruido escandaloso que se origina de los instrumentos desafinados por las emociones del ego, todo nuestro ser vibra en consonancia con la Melodía Cósmica del Silencio. ¡Entonces podremos afirmar que tenemos la música por dentro y nunca perderemos el ritmo del baile de nuestra vida!

Ejercicios para interiorizar el mensaje

Comiencen con la práctica de la Meditación del Baño Colorido de Amor (ver referencias y recursos).

Comenzaremos a desarrollar nuestro oído musical espiritual con el silencio de nuestra mente material que aturde la continua cháchara del ego. Lo anterior, en conjunto con la nutrición vegetariana y la desintoxicación mental de la culpa creada por las emociones negativas, es la mejor manera de despertar nuestro oído musical espiritual para poder escuchar la música del espíritu.

CITA #6

La solución al paradigma del sufrimiento es que la creación es una imperfección perfecta; un desorden ordenado; un tiempo sin medida; y una búsqueda incesante de equilibrio, donde la luz solo es tonalidades de las sombras, y las sombras tonalidades de la luz.

Para entender el mensaje importante de esta oración debemos entender lo que discuto en mis libros como el origen fundamental del sufrimiento: el apego. La definición de apego en mi libro Espiritualidad 103 lee: Apego- La necesidad o vicio emocional de repetir experiencias agradables, sean físicas o mentales. En su forma más inmadura esta puede ser la peor adicción que el ser humano puede experimentar, y es la fuente principal del sufrimiento. Puede ser una sensación apropiada en algunos casos e inapropiada en otros. Durante el proceso exploratorio de la creación los hijos del hombre veían solo distorsiones individuales de lo observado con sus mentes (espejos), viciadas por sus experiencias previas. Estas experiencias se clasificaban como buenas o malas, y los viajeros escogían sus lugares favoritos y evitaban los desagradables. Si en sus asignaciones exploratorias se les asignaban los lugares preferidos estaban muy felices, pero si eran los no favorecidos se sentían muy molestos y frustrados en estos lugares. Debemos notar que la concordancia de los favoritos era muy subjetiva y variable en cada caso.

Según lo expresado en la oración que estudiamos, debemos entender que la creación es un proceso de búsqueda del equilibrio apropiado entre los polos extremos de un fenómeno continuamente cambiante. No existe una meta perfecta, sino un proceso de perfeccionamiento continuo hacia una experiencia más inclusiva que la anterior. La nueva meta nos motiva a mejorar nuestros resultados, aunque estos no sean la perfección final. La oración recalca la naturaleza continuamente cambiante de toda manifestación de la creación y de cada interpretación de las observaciones de las mentes de los exploradores. El Espejo Mágico (mente) no ve ninguna manifestación de su creación mejor que otra, ya que cada una lleva una lección de amor específica para las capacidades individuales de los exploradores. Esto se recoge de la siguiente cita de mis libros, "Cuando el ser aprende a ver el universo por los ojos del espíritu, solo ve amor."

Ejercicios para interiorizar el mensaje

Comiencen con la práctica de la Meditación del Baño Colorido de Amor (ver referencias y recursos).

Debemos revisar detenidamente los eventos que nos proveyeron felicidad en las diferentes etapas de la vida. Observen el origen de la alegría, y noten si surge por éxitos propios o de otros de su familia o relación. El factor que motivó su búsqueda, ¿fue la satisfacción propia, o complacer a otros seres?

¿Prefiere usted posponer sus metas para que otros obtengan las suyas continuamente? La tendencia anterior se observa mucho en madres, esposas con hijos y maridos respectivamente. Observe si la felicidad obtenida fue permanente o transitoria. ¿Se recuerda de situaciones donde al obtener su meta, se sintió decepcionado? Si sus acciones fueron influenciadas por querer aumentar sus ingresos, u obtener más autoridad y respeto, ¿saciaron su ambición los resultados? Como contrapeso, por las condiciones de naturaleza familiar e individual, ¿qué tuvo que abandonar que le proveía satisfacción?

Nuestra verdadera tristeza proviene del vacío creado por el olvido de nuestro origen común de la fuente de luz y amor, el Espejo Mágico, que nunca podrá ser llenado por ningún evento o reconocimiento mundano. Solo siguiendo las peticiones de nuestro corazón podremos abrir nuestros ojos y sentirnos alegres y motivados para afrontar las lecciones de amor que nos reserva el nuevo día. No hay tesoro o poder material en este planeta que nos garantice la salud, vida o juventud eternamente. <u>Aprendamos a encontrar siempre la luz en nuestras sombras.</u>

CITA #7

En el Espejo Mágico de tu mente la claridad de tu reflexión (autoestima) dependerá de la pureza de tu visión.

Comencemos recordando que toda parte y experiencia dentro de la creación tiene su lugar y propósito, aunque en nuestro entendimiento no lo creamos así. Y también que todas las distorsiones de nuestras imágenes son espejismos emocionales de nuestra imagen primordial creada por el Espejo Mágico. Después que aprendamos que no tenemos que ser perfectos y que solo buscamos perfeccionarnos, y que este objetivo solo se obtiene errando, no podremos culparnos ni dejar que otros nos culpen por estas experiencias de aprendizaje tan valiosas. En su próxima reunión de negocios o académica, atrévanse a decir, "El que nunca se haya equivocado que alce la mano". ¡Todavía no he encontrado a alguien que no se haya equivocado!

Si insistimos en usar lentes con recetas empañadas por las culpas de nuestros errores nunca podremos ver claramente las imágenes reflejadas en nuestros espejos. Por eso tenemos que aprender a limpiar nuestros lentes con el "Windex" del perdón. Al aprender a ser tolerantes y compasivos con nuestras lecciones de amor podemos ser igual de tolerantes y compasivos con otros viajeros en nuestro sendero. Este proceso va despertando nuestra confianza en que, desde el principio, nos crearon con todas las herramientas apropiadas para llevar a cabo nuestra misión exploratoria. Y finalmente reconocemos que somos hijos de Dios y Guerreros De La Luz.

Ejercicios para interiorizar el mensaje

Comiencen con la práctica de la Meditación

del Baño Colorido de Amor (ver referencias y recursos).

Para poder aclarar nuestra visión debemos revisar todas las distorsiones proyectadas por otros sobre nosotros para poder borrarlas con el ejercicio de la clave del perdón, ya que son totalmente ficticias. Esta práctica se basa en que los que proyectan esas distorsiones no tienen la claridad para apreciar la verdadera pureza de nuestra imagen, ya que ellos no reconocen la suya por ignorar su verdadera naturaleza como hijos de la luz. Quizás esto fue lo que Jesús implicó en sus últimas palabras cuando dijo, "Padre, perdónalos porque no saben lo que hacen." (Lucas 23:34) La ignorancia de su verdadera esencia es lo que lleva al ser a actuar erróneamente, como refleja la cita de mis libros, "No existen los hombres malos, solo existen los que aún no saben que son buenos".

La única manera de despertar el amor en otros es amándolos, y cuando vean seres que actúan con miedo y desamor véanlos como seres "mal amados" que nunca han recibido amor. Estos son los "pobres de espíritu" a los que Jesús quería llevar el mensaje del amor con prioridad. Reconozcamos los manantiales de amor infinitos que residen en nosotros y con ellos saciemos la sed que aún está insatisfecha en otros.

CITA #8

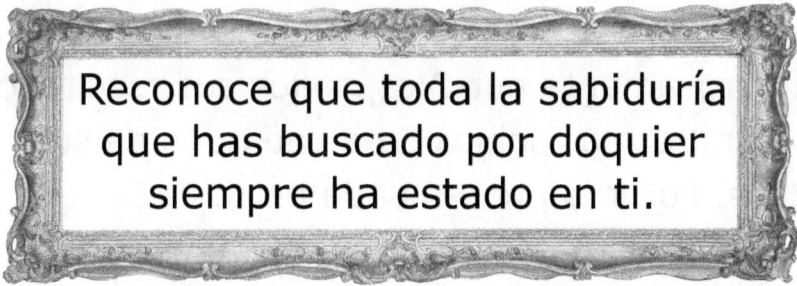

> Reconoce que toda la sabiduría que has buscado por doquier siempre ha estado en ti.

La verdadera sabiduría se obtiene de la experiencia humana cuando su búsqueda va dirigida con la intención inclusiva del amor y no la exclusiva del ego. La intención inclusiva siempre lleva a resultados armoniosos porque incluye en sus efectos a todos los componentes de la creación. Es la intención para el beneficio del nos y no del yo, donde toda decisión se hace usando el criterio de la ley de oro: "traten ustedes a los demás tal y como quieren que ellos los traten a ustedes" (Mateo 7:12).

Por eso el libre albedrío nos expone a infinitas posibilidades de las cuales no sabemos los resultados finales según los criterios intencionales del nos o del yo. Solo los errores y aciertos resultantes de nuestras decisiones nos enseñarán cuál de estas creará los resultados más inclusivos al nos. Como toda la creación fue hecha amorosamente por Dios, todos sus resultados serán los más sabios para cada uno de sus hijos. Por lo tanto, en cada parte de la creación está la inteligencia del creador incluida y por eso afirmo que la única forma de descubrir la sabiduría es buscándola en el interior de cada uno de sus hijos(as). <u>Lo difícil es que está escondida como un diamante en un pedazo de carbón que tiene que ser pulido con las experiencias (lecciones de amor) de la vida.</u>

Ejercicios para interiorizar el mensaje

Comiencen con la práctica de la Meditación del Baño Colorido de Amor (ver referencias y recursos).

La creatividad es una de las cualidades del amor que Dios implantó en nuestro ser, pero su activación solo ocurre cuando hay un esfuerzo por descubrirla dentro de la inmensa matriz de amor que nos sustenta. La mayoría de los descubrimientos más famosos parecerían haber sido procesos de serendipia fortuitos, que no conllevaron esfuerzos cognoscitivos individuales. Pero en realidad las mentes de esos descubridores ya estaban receptivas a estas nuevas ideas por la acumulación de conocimiento ya obtenido.

Las ideas creadoras del espíritu son como semillas que necesitan un terreno fértil con conocimiento previo para germinar y dar fruto. Entiendan que ideas sin una mente para procesarlas son solo fantasías. No tratemos de buscar el sentido de las ideas que aparecen de la nada. Solo apuntémoslas y esperemos el momento apropiado para ponerlas en práctica. Les aseguro que si no lo hacen otros más conectados a su luz lo harán. Recuerden las muchas ocasiones en que descartamos ideas nuevas para luego ver que otros las hicieron realidad. No dejen que los miedos de otros los desanimen de llevar a cabo sus sueños.

Las prácticas de meditación son una forma

de activar el proceso creativo en nuestras mentes, en conjunto con el dominio de las ramas científicas y humanistas del conocimiento humano. La desintoxicación emocional y física del organismo complementa el proceso de entendimiento necesario para el descubrimiento de nuestra creatividad.

CITA #9

La creación de Dios más
perfecta en el universo está en
la reflexión de tu espejo.

La alegría que despierta esta oración en
todos nosotros es la misma que yo sentía
cuando mi madre me manifestaba que yo era
el regalo más bello que Dios le envió. Lo que
yo nunca comprendí fue que ella se lo decía a
todos mis hermanos por igual, y mucho
tiempo después de su partida pude entender
por qué lo hacía. Dios, al igual que una
madre orgullosa de su creación, nos acepta
como la culminación de su esfuerzo creativo,
pues se ve reflejado en la semejanza del
resultado. Por primera vez se observa en su
Espejo Mágico (mente primordial). Las
madres, igual que Dios, nos miran con los
ojos del espíritu que solo pueden ver la

perfecta luz interior, el hijo de Dios. No ven las sombras que residen en los diferentes vehículos terrenales (hijos del hombre). Por lo tanto, la visión de la madre sobre sus hijos imita la sinceridad de la visión de Dios.

Los hijos de los hombres, opuestamente, solo pueden ver los variables formatos de la herencia biológica. Se han olvidado de su origen celestial y del huésped espiritual que llevan en sus corazones, el hijo de Dios. Estos son los que ven la paja en los ojos de otros, pero no reconocen las vigas que llevan en los suyos. El hijo del hombre que todavía no recuerda su origen de luz solo podrá ver las sombras en sus hermanos, malinterpretando sus acciones erróneas como actos malvados. Esto fue lo que le permitió a Jesús, el Hijo de Dios, exclamar ante sus castigadores, "Padre, perdónalos, porque no saben los que hacen." (Lucas 23:34) Y yo añado, "Porque no han reconocido que son mis hermanos e hijos de mi Padre". La ignorancia de sus torturadores le permite a Jesús verlos como niños inmaduros haciendo maldades. De ahí el significado de mi oración, "No existen los seres malos, sino solo lo que aún no han realizado que son buenos".

Ejercicios para interiorizar el mensaje

Comiencen con la práctica de la Meditación del Baño Colorido de Amor (ver referencias y recursos).

Para poder creer lo que expresa esta oración primero tenemos que borrar todas las heridas emocionales de nuestras vidas, porque han creado los barrotes de culpa de nuestra prisión mental y proyectan las sombras que no nos dejan ver la perfección de nuestra imagen. Todos los ejercicios previos que incluyen la clave del perdón, la reconexión facilitada por la meditación y los éxitos en aprender de nuestras lecciones de amor, deben ser parte de nuestra vida diaria. Debemos recordar las muchas veces que nos equivocamos en nuestras vidas sobre cómo nos vemos y nos ven otros, para entonces permitirnos aceptar que Dios, que nunca se equivoca, nos ve con una imagen perfecta.

CITA #10

> ## Si jugamos solo para ganar alguien siempre saldrá perdiendo.

Esta oración no minimiza la seriedad de cómo debemos dirigir nuestras vidas, sino que corrige la visión sobre cuáles son las expectativas que debemos tener al vivirla. Aunque la vida no es un juego, muchos seres participan en la experiencia como si fuera una competencia, con premios o trofeos para los "mejores" competidores. ¿Podría el proceso de jugar ser exitoso sin el de practicar? En realidad, no se puede ganar sin practicar, ni practicar sin ganar, ya que aunque no siempre ganamos al jugar, siempre se gana con lo aprendido en la práctica.

Muchas competencias duran solamente minutos y horas, donde alguien siempre saldrá ganador o perdedor, mientras que las prácticas que permitieron la competencia pudieron significar meses de esfuerzo que usualmente nadie reconoce como beneficiosos excepto el competidor. ¿Fracasa o pierde el casi ganador que no recibe medalla olímpica, aunque su récord fuera solo unas milésimas de segundo más lento? Ante los ojos del público, prensa y auspiciadores quizás sí, pero el atleta nunca debe sentirse fracasado porque dio su máximo esfuerzo.

La ley del amor que rige el juego universal no escoge ganadores o perdedores. Esta solo observa, al igual que la parábola de los talentos, cómo cada hijo del hombre aprovechó los talentos que se le proveyó y cómo utilizó lo aprendido en su esfuerzo para ayudar a otros a desarrollar sus talentos. Cada esfuerzo en la competencia del amor siempre descubre la sabiduría escondida en el corazón del atleta, que lo ayuda a borrar las sombras de su imagen y las de otros que compiten con él. Por eso todo hijo del hombre que da su máximo esfuerzo siempre es premiado en el juego de la vida con la sabiduría que descubre en su corazón.

Ejercicios para interiorizar el mensaje

Comiencen con la práctica de la Meditación del Baño Colorido de Amor (ver referencias y recursos).

Oremos y meditemos sobre las palabras previas y revisemos lo aprendido por todas las prácticas de nuestras competencias. Encontremos todas las medallas de sabiduría que recibimos por nuestros esfuerzos. No siempre los que el público reconoció como ganadores en nuestras competencias obtuvieron ni aplicaron la misma sabiduría aprendida en nuestros "fracasos". Por eso, cuando recordamos nuestros condiscípulos en las diferentes etapas escolares podemos observar cómo los que fueron más exitosos en sus carreras y profesiones no siempre fueron los que obtuvieron las mejores calificaciones o medallas de oro. Recuerden que en el juego de la vida todos salimos ganando si ponemos nuestro mejor esfuerzo.

CITA #11

El ADN material (biológico) y el ADN anti-material (espiritual) son como dos guiones históricos que se abrazan en el baile de Shiva, con ritmos creativos y destructivos como el yin y el yang para asegurar una danza armónica universal.

Esta oración poética esconde el secreto de la creación, sus ciclos y su historia. El genoma humano y el de otros organismos se compone de dos hileras de genes entrelazadas en una bella figura espiral que parecerían abrazarse en una danza rítmica a los acordes de la música de la creación. Esta apariencia espiral representa la naturaleza de los ciclos universales representados por los contrastes graduales del Yin y el Yang, que forman parte de la visión oriental de la experiencia humana. Esta naturaleza se observa en los ciclos del día y la noche, las estaciones climáticas, el ciclo menstrual de las hembras, las etapas de la vida y la muerte, los ciclos fisiológicos del organismo humano, la forma de trasmitir las ondas sonoras y de luz, etcétera.

Toda experiencia tiene un principio y un fin, pero el fin en este universo cíclico siempre es el principio de otro nuevo ciclo, así como un día se acuesta al final en su noche y la noche despierta al principio con el nuevo día. La ciencia sabe que el universo, aunque aparenta estar expandiéndose continuamente, llegará al final de su ciclo de expansión (yang) e iniciará un nuevo ciclo de recogido (yin) hasta su punto de descanso de su origen en el sueño transitorio de su agujero negro.

La historia de todo este recorrido y sus ciclos se archiva en el libro de la vida o registro akáshico. Si revisamos la naturaleza del hombre según mi libro Espiritualidad 101, el ser humano fue creado en dos manifestaciones, una biológica humana transitoria que nace y muere, o el hijo del hombre, y una espiritual inmortal, o el hijo de Dios, que convivían entrelazados como su ADN. La historia o memoria del recorrido de estos se archiva primero en el ADN biológico, que va buscando mejorar la experiencia evolutiva del ciclo biológico temporal aprendiendo y seleccionando las mejores cualidades evolutivas del organismo. Darwin lo llamó la selección natural. Y en segundo lugar se archiva la experiencia de lo aprendido por el hijo de Dios (espíritu-alma) por todo lo recorrido por el hijo del hombre. Esta última historia está llena de la sabiduría acumulada por los aciertos y errores que el hijo del hombre experimenta con su libre albedrío. Para más detalles sobre este proceso revisen el libro Espiritualidad 103.

Ejercicios para interiorizar el mensaje

Comiencen con la práctica de la Meditación del Baño Colorido de Amor (ver referencias y

recursos).

Revisen la explicación sobre el Camino Medio e intégrenlo a los ciclos universales. Observen cómo en sus vidas los ciclos universales se manifiestan incesantemente y ninguna manifestación tiene un principio o fin. Mediten mucho porque el entendimiento de esta es con el corazón y no el cerebro.

CITA #12

> En nuestro viaje mental multidimensional no hay senderos incorrectos, sino solo desvíos necesarios para completar los destinos pendientes y finalizar nuestra experiencia universal.

Para entender esta oración debemos revisar la discusión previa sobre el sufrimiento, donde afirmamos que todas las experiencias buenas o malas son lecciones de amor. Debemos recordar que es la falta de madurez la que hace que estas experiencias parezcan desagradables e injustas ante nuestros ojos. Al revisar nuestras vidas muchos tenemos la tendencia de entender estas experiencias negativas como pérdidas de nuestro tiempo, de las cuales nos arrepentimos, y pensamos que si hubiéramos escogido diferente nuestras vidas serían mejores.

Rebatiendo esta interpretación les ofrezco a mis pacientes un viaje a su pasado en una máquina del tiempo para que tengan la opción de cambiar su decisión. Pero cuando los monto y llevo a esos momentos en su pasado, todos vuelven a repetir la misma decisión. La razón principal de este fenómeno se debe a que al montarnos en la máquina del tiempo y empezar el viaje de regreso se borran totalmente la memoria de toda experiencia buena o mala y volvemos a la misma encrucijada siendo los mismos seres.

Cuando necesito que entiendan cómo el alma procesa la asignación para escoger su cuerpo les narro esta historia ficticia. Antes del alma escoger su huésped terrenal, entra en un contrato espiritual con su ángel guardián que la asesora sobre cuál decisión le ayudará a crecer más espiritualmente. Después de entender la experiencia que le espera, el alma firma su contrato de bajada ya que entiende que es su mejor opción. Por eso no podemos arrepentirnos de ninguna de nuestras experiencias, ya que todas son lecciones de amor que aceptamos como necesarias para nuestro crecimiento espiritual.

Recuerden siempre que todos los aparentes desvíos de nuestras rutas preferidas son necesarios para poder llegar a nuestro destino final. ¡Bon voyage!

Ejercicios para interiorizar el mensaje

Comiencen con la práctica de la Meditación del Baño Colorido de Amor (ver referencias y recursos).

Este ejercicio es uno de los más difíciles para completar ya que tenemos que revisar detalladamente todos los desvíos que obstruyen nuestras metas en el plano personal, escolar, familiar y laboral. Luego tenemos que hacer uso del código del perdón para entender la lección de amor detrás de cada uno. Revisemos cada experiencia y comprendamos que nunca hubo un chivo expiatorio solitario, sino una cadena infinita de responsabilidad de muchos hijos del hombre que no sabían lo que hacían.

CITA #13

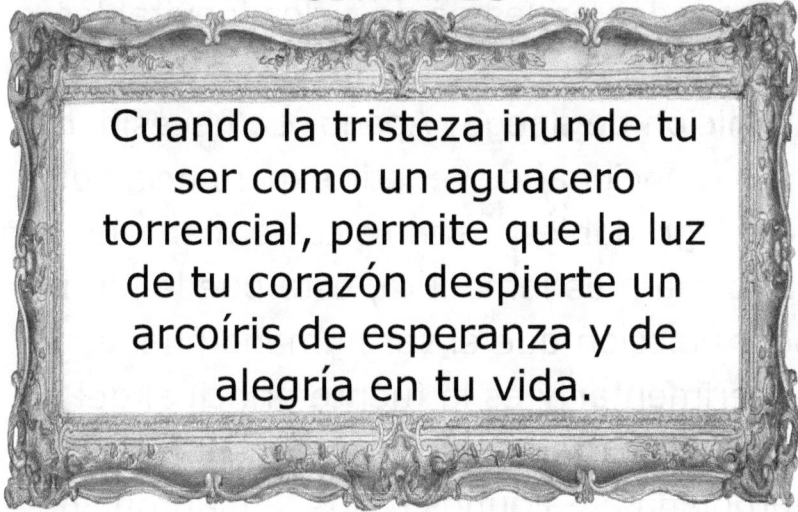

> Cuando la tristeza inunde tu ser como un aguacero torrencial, permite que la luz de tu corazón despierte un arcoíris de esperanza y de alegría en tu vida.

Como en todas las oraciones previas yo entiendo que ninguna manifestación en nuestra vida está fuera de lugar o es considerada innecesaria para el propósito de la creación. Debemos recordar que lo agradable o desagradable de nuestras experiencias fue influenciado por las que ya habíamos cursado previamente, y que rara vez los hijos del hombre concuerdan en lo que los puede hacer felices.

Volvamos a revisar las explicaciones previas sobre la filosofía del camino medio, y cómo el sufrimiento es generado por el apego a las experiencias agradables y el rechazo a las desagradables, que no son sino polaridades opuestas de ciclos inevitables universales. Revisemos nuevamente la definición de apego: Apego- La necesidad o vicio emocional de repetir experiencias que sean agradables, sean físicas o mentales. En su forma más inmadura, esta puede ser la peor adicción que el ser humano puede experimentar y es la fuente principal del sufrimiento. Puede ser una sensación apropiada en algunos casos, e inapropiada en otros.

Ahora recordemos que toda la sabiduría amorosa está en la imagen pura creada en semejanza al Espejo Mágico, que representa a nuestro espíritu, el hijo de Dios, que es la única fuente que puede satisfacer nuestro vacío espiritual. Las emociones terrenales que experimenta el hijo del hombre en su turbio espejo (mente) resultan de batallas infructuosas para hacer persistir las sensaciones agradables y evitar las desagradables.

Por eso cuando las tormentas emocionales nos inunden en las aguas contaminadas de la tristeza, busquemos en nuestro sol (corazón) la luz que traerá el arcoíris de esperanza y alegría que nos indica su fin.

Ejercicios para interiorizar el mensaje

Comiencen con la práctica de la Meditación del Baño Colorido de Amor (ver referencias y recursos).

Revisemos y meditemos sobre cada una de las experiencias que más tristeza causaron en nuestra vida. ¿Qué factores les ayudaron a encontrar el arcoíris y la esperanza nuevamente? Apliquemos lo aprendido sobre las lecciones de amor y la clave del perdón y borremos toda traza de culpa del diccionario del amor. Hagamos una consciencia empática con otros seres que han tenido situaciones similares y quizás visitemos grupos que brindan apoyo en situaciones similares. Aprendamos a expresar nuestras emociones sin convertirnos en víctimas de las acciones de otros, recordando que todas las situaciones en nuestras vidas tienen un lugar dentro del marco de referencia del aprendizaje de las lecciones de amor que nos ayudan a pulir las distorsiones de nuestros espejos.

CITA #14

El nombre de Dios es tan grande que no me cabe en la boca.

Esta oración que uso en mi libro Espiritualidad 101 trata de universalizar el mensaje sectario de algunas religiones que promueven el proselitismo y separación entre los hijos de Dios. Debemos preguntarnos: si todas las religiones judeo-cristianas y musulmanas tuvieron su origen común en el linaje de Adán, ¿cómo es que estas han experimentado tanto conflicto entre sí teniendo como base al mismo Dios?

La oración se origina de la enseñanza escrita del viejo testamento, donde la tradición hebrea afirmaba que Dios fue nombrado de 72 diferentes maneras en la Biblia. Todos los nombres eran pronunciables por el hombre porque representaban las cualidades terrenales de su divinidad, pero todos se originaban de la raíz verdadera de su nombre, el tetragrama YHWH. Estas sílabas solo podían escribirse, pero no pronunciarse, porque era un pecado hacerlo. Significaba, "Yo Soy el que Soy", que fue lo que le contestó el arbusto ardiente a Moisés cuando le preguntó quién era. Por eso los hebreos, para poder referirse al nombre raíz de todos los otros y no cometer pecado, afirmaban, "Es aquél que su nombre es tan grande que no me cabe en la boca".

De esa tradición pude yo deducir por qué los hombres entendían e interpretaban en tantas formas a Dios. Nosotros, los hijos del gran Espejo Mágico, hechos a su imagen y semejanza, somos parte de la inmensidad de su sabiduría. Nuestro espejo realista material, con las distorsiones de su reflexión humana, no puede entender más que una parte subjetiva muy limitada de la verdadera inmensidad de Dios. Por eso, en su limitación humana, cuando el hombre pronunciaba el nombre sagrado solo podía pellizcar una porción muy pequeña de ese inmenso manjar. Cada hijo del hombre solo podía atisbar a una parte muy limitada de Dios según se ajustaba a su capacidad, resultando en tantas visiones de Dios como había hombres que lo querían conocer.

Esto resultó en muchas visiones válidas pero limitadas del mismo Dios, dando origen a todas las discrepancias sectarias que hoy existen. ¡Parecería ser que el hombre estaba haciendo a Dios a su imagen y semejanza y no Dios al hombre en la suya! Por eso debemos tener tolerancia con nuestras visiones discrepantes de Dios, porque todas tienen una parte de la verdad, pero ninguna tiene la verdad total.

No importa nuestra forma de entender a Dios, si podemos vivir en la armonía de la ley de oro con todos nuestros hermanos entenderemos el significado de esta oración: "Todos los caminos llevan al cielo pero no a la misma vez". Dejemos que se nos note claramente el linaje como hijos de Dios gracias a nuestras acciones.

Ejercicios para interiorizar el mensaje

Comiencen con la práctica de la Meditación del Baño Colorido de Amor (ver referencias y recursos).

Cuando estemos compartiendo con creyentes de diversas religiones, aprendamos a escuchar su visión de Dios y no impongamos la del nuestro, ya que esto enriquecerá más la interpretación de ambos. En mi recorrido por el estudio de religiones no cristianas encontré nuevas formas de estudiar partes de la Biblia que por mucho tiempo no había podido entender. Como en la meditación previa, para entender en formato visual el mensaje imaginen la gran energía creadora del amor como una fuente de luz blanca en el centro del universo, que al distribuirse por toda la creación se divide en infinitas tonalidades de colores que se ajustan a la necesidad de sentirse amados de todos los hijos de la creación. Vean como esos rayos llenan cada rincón de su universo y entonces quizás entenderán, "Que el nombre de Dios es tan grande que no nos cabe en la boca".

CITA #15

> Somos como ríos que siempre desembocan en el gran océano del amor de Dios.

Esta oración se basa en el concepto holográfico de la creación, el cual se simplifica en la cita bíblica, "Les aseguro que todo lo que hicieron por uno de mis hermanos, aún por el más pequeño, lo hicieron por mí." (Mateo 25:40-46) Veamos la definición de holograma: Proyección tridimensional obtenida de una imagen plana por técnicas de rayos láser, donde de cualquier parte de la imagen podría reproducirse todo el original. Esto sugiere que la información de la imagen está en cada una de sus partes, y que hay una forma de comunicación intrínseca entre todas ellas que no depende del tiempo y espacio.

En palabras más sencillas, significa que no existe un lugar de la creación donde no esté Dios. La siguiente cita bíblica refuerza este concepto, "Porque donde dos o tres se reúnen en mi nombre, allí estoy yo en medio de ellos." (Mateo 18:20)

Aquí les brindo otra manera de ver el significado de la oración anterior.

"El Universo es como un gran océano de amor y nosotros somos como ríos que desembocamos en él. En un momento dado podemos creer que solo somos ríos individuales, pero al unirnos al gran océano entendemos que nunca estuvimos separados de él. Algunos surgimos como ríos amplios y turbulentos, otros apacibles o como riachuelos débiles, pero nunca estamos solos en nuestro camino. Lo que afecta al océano afecta al río y lo que afecta al río repercute en el océano. Asimismo se manifiesta la relación del amor del cielo con el amor de la tierra en una inexorable continuidad. Por eso en las manos de un ser sabio, una mirada con una intención apropiada puede equilibrar un universo."

Ejercicios para interiorizar el mensaje

Comiencen con la práctica de la Meditación del Baño Colorido de Amor (ver referencias y recursos).

Hagamos consciencia de esa naturaleza tan integral que mencionamos en el poema al observar la presencia del amor en todo acto diario. Al abrir sus ojos visualicen que son como ríos que parten del gran océano de amor, y que toda imagen que entra por nuestros ojos es una creación de amor. Cuando pongan los pies en la tierra sientan en su firmeza cómo el amor de Dios los soporta. Cuando inhalen aire sientan cómo el amor entra y se expande por toda su vía respiratoria. Cuando ingieran y mastiquen alimentos y líquidos, sientan cómo saborean el amor en sus alimentos y cómo este los revitaliza al tragar. Cuando se duchen, sientan cómo el agua los bautiza y purifica con amor y cuando se entreguen al sueño, sientan que se disuelven nuevamente al océano de amor de donde se originaron.

CITA #16

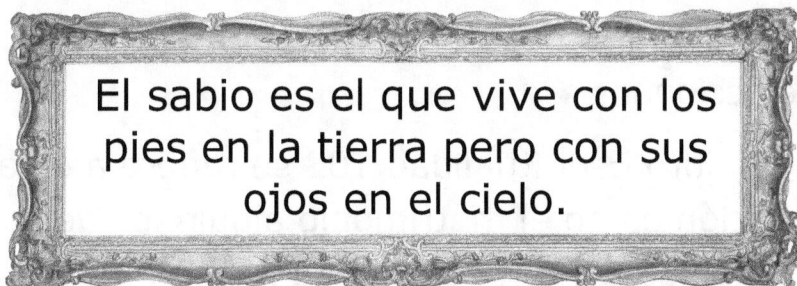

El sabio es el que vive con los pies en la tierra pero con sus ojos en el cielo.

Esta oración resume el propósito final del viaje exploratorio de la infinita y majestuosa creación universal, asignado a cada uno de los hijos de la luz. Podríamos imaginar la fase inicial de esta creación como un inmenso tesoro escondido en las sombras de las infinitas tonalidades de la luz, donde solo con variables experiencias los hijos de Dios descubrirán el mapa que los guiará luego en su camino de regreso.

Es en esta creación que lo de arriba y lo de abajo, lo de afuera y lo de adentro se entrelazan como las dos cadenas de nuestro ADN, la luz y sus sombras, lo femenino y masculino, la materia y la antimateria y el hijo de Dios con el hijo del hombre, en la continuidad armoniosa de la sabiduría del amor. Esta sabiduría nace de lo aprendido por todas las contrastantes tonalidades que el libre albedrío nos deja experimentar y seleccionar.

El libro Espiritualidad 103 se refiere a esta relación como el matrimonio alquímico de la luz con su sombra, de donde nacen todos los grandes sabios (maestros) que aprenden a mirar todo con los ojos del espíritu y a caminar por toda la creación con sus pies en la tierra, pero con sus ojos en el cielo. Ese fue el ejemplo de Jesús cuando demostró a los hombres que podían amalgamar al hijo de Dios con el hijo del hombre en la sabiduría del Cristo. Nunca perdamos la esperanza de encontrar la luz infinita que está escondida en nuestro corazón bajo las sombras de nuestras emociones humanas.

Ejercicios Para Interiorizar El Mensaje

Comiencen con la práctica de la Meditación del Baño Colorido de Amor (ver referencias y

recursos).

Revisemos las experiencias de nuestras sombras como justas y necesarias según la capacidad que teníamos al momento de crearlas, y busquemos en ellas la luz que nace de las lecciones de amor que necesitábamos aprender. Usemos la meditación, la clave del perdón y la paciencia para obtener la sabiduría escondida en nuestras sombras.

Aprendamos a desarrollar la paciencia con nosotros y otros en el proceso de aprender de nuestros errores, ya que Dios y otros la han tenido con nosotros. ¡Recuerden que los hombres más sabios han sido los que más se han equivocado! El camino de la sabiduría es uno donde a veces nuestros pasos se alternan en dirigirse hacia adelante y hacia atrás, pero al finalizar el viaje el número de pasos resultantes siempre nos han adelantado en nuestro rumbo final. Nunca pierdan la esperanza de llevar a cabo su misión.

CITA #17

> El ego rapta la felicidad de nuestros corazones.

Aunque el ego ha sido denigrado, con mucha razón, como el causante principal de nuestras penas, debemos revisar en mis libros que nosotros creamos el ego por los sentimientos de soledad, miedo y coraje cuando nos separamos de nuestra fuente de luz al principio de nuestra travesía exploratoria de la creación. Cuando el hijo de Dios va alejándose de su origen y empieza a descubrir las sombras escondidas en su luz, empieza a distorsionar su visión en su espejo y aparece el hijo del hombre, el guerrero de las sombras. De esa manera empieza la desconexión y olvido de su origen divino. La sensación de soledad y abandono resultante lo envuelve en la tristeza nacida de las sombras emocionales que nublan su visión en el espejo de su mente.

Es aquí cuando el hijo del hombre y ahora guerrero de las sombras crea un falso Dios para apaciguar su tristeza. Ese falso Dios es hecho a la imagen del guerrero de las sombras, que se convierte en oposición al verdadero en una fuente incesante de sombras para los hijos del hombre. Este dios humanizado hace que los hijos de Dios olviden su linaje común y recuerden solamente su herencia material como hijos del hombre.

Al quedar atrapado en la visión limitada del mundo tridimensional material, el hombre percibe por primera vez la experiencia de nacer, envejecer, enfermar y morir. Esta realidad lo hace cautivo del miedo a la muerte y de perder su tiempo para aprovechar su vida material. Entonces cae preso del individualismo del ego, que da origen al estilo de vida que lo regirá el resto de su vida, el egoísmo. El universo en que el ego nos coloca es como una cárcel mental creada por los barrotes de las emociones que por su naturaleza cambiante nunca nos ofrecerán una felicidad permanente. El individualismo y olvido de nuestro origen común convierte nuestras vidas en una pesadilla de sufrimientos entrelazada con algunos momentos de felicidad.

El ego, al encubrir la luz en nuestros corazones con sus sombras, rapta la felicidad de nuestro ser y nos lleva a los campos de batalla contra otros guerreros de la luz que tampoco reconocen la luz en sus sombras. Por eso es que el guerrero de las sombras nunca puede ser feliz.

Ejercicios para interiorizar el mensaje

Comiencen con la práctica de la Meditación del Baño Colorido de Amor (ver referencias y recursos).

Esta oración que estaba en la entrada a la escuela de los misterios en Delfos debe regir nuestro estudio del ego, "Conócete a ti mismo", antes de intentar conocer a Dios. Siendo el ego una programación distorsionada por las emociones debemos conocer en detalle todos los programas obsoletos y egoístas que lo componen, y poco a poco debemos reprogramarlo con unos basados en la sabiduría del amor. Esos nuevos programas surgen de las experiencias aprendidas de las lecciones de amor que encontraremos en nuestras sombras.

Recuerden que cada nueva luz descubierta en nuestras sombras es como una llave para abrir puertas interdimensionales que, al igual que al hijo pródigo, nos recuerdan el camino de regreso a la casa de nuestro Padre.

CITA #18

> ## Los ciegos de espíritu nunca encuentran el amor.

Primero recordemos la oración de otro de mis libros, "Cuando el ser aprende a mirar por los ojos del espíritu solo ve amor". Debemos entender que el ser fue creado en una naturaleza dual, primero como hijo de Dios y luego como su vehículo para experimentar su creación, el hijo del hombre. Esta dualidad la expliqué ampliamente en mi primer libro Espiritualidad 101, donde el hijo del hombre no está consciente de su naturaleza espiritual como hijo de Dios por las interferencias emocionales creadas por su ego. Por esto vive enajenado de la parte más importante de su ser, su espíritu o alma. Estos seres son a los que el ego les roba su alegría y los engaña al distorsionar la luz del hijo de Dios (guerrero de la luz) con las sombras ficticias de sus emociones.

Los que se desconectan de su luz interior, el hijo de Dios, no pueden recordar quiénes son, de dónde vienen y para dónde van. Así, viven experimentando los apegos emocionales a la vida terrenal y el miedo al envejecer, enfermar y finalmente morir, sin esperanza de volver a su lugar de origen, la casa de su Padre. Estos no saben amar, ya que nunca se han sentido amados. No entienden la compasión porque no entienden el perdón. No entienden la paciencia porque entienden que el tiempo se les acaba para obtener los logros mundanos de su ambición egoísta.

Estos son los que malinterpretan el libre albedrío como una oportunidad para el libertinaje desenfrenado, donde no se hacen responsables de los efectos negativos de sus acciones sobre los otros seres que comparten la creación. Más bien descargan la responsabilidad de sus fracasos culpando a otros por estos. Cuando otros son exitosos en acciones en las que ellos fallaron, se llenan de envidia y coraje que los lleva a las profundidades de un infierno solitario creado por sus sombras. No hay nada en la vida que les llene el vacío espiritual que han creado por su desconexión a su luz interior. No hay títulos, diplomas, cuentas bancarias, ni cirugías plásticas que le reviertan su felicidad o juventud. Estos son los Ciegos de Espíritu, que nunca podrán encontrar el amor porque no reconocen su propia alma.

Estos son a los que Jesús, mirándolos con los ojos de su espíritu, les dijo, "Padre, perdónalos, porque no saben los que hacen." (Lucas 23:34) La sabiduría, paciencia y compasión de esta visión le aseguraba a Jesús que el sufrimiento creado por las acciones de los ciegos de espíritu resultaría en variables lecciones de amor que les ayudarían a recordar su herencia espiritual como hijos de Dios. Este proceso se obtiene por medio de la clave del perdón descrita en mi libro Espiritualidad 103, que le permite al hijo del hombre aprender de sus errores cuando acepta su responsabilidad y entiende los efectos negativos de sus acciones.

Ejercicios para interiorizar el mensaje

Comiencen con la práctica de la Meditación del Baño Colorido de Amor (ver referencias y recursos).

Hagamos una introspección de qué es lo que buscamos para obtener nuestra felicidad. ¿Cuáles son esas metas? ¿De dónde vinieron? ¿Son verdaderos deseos de nuestro corazón, o fueron implantados por otros o por presiones sociales? ¿Los que ya han obtenido algunas de sus metas han obtenido su verdadera felicidad? Revisemos si las metas que ya hemos logrado nos han llenado de felicidad permanente, o si han sido solo transitorias. ¿Otros seres queridos comparten sus deseos?

¿Cómo se siente cuando fracasa y a quién hace responsable de su fracaso? ¿Cómo se siente cuando otros que comparten su vida obtienen metas que usted no pudo? Revise su actitud hacia la muerte y cómo usted la afrontaría si estuviera cerca. ¿Se sienten satisfechos y felices todos los miembros de su familia con lo que usted les provee para su felicidad? Cuando uno de sus seres queridos fracasa en una de sus metas, ¿cómo usted lo apoya? Cuando usted ha fracasado en una meta, ¿quién lo consuela o apoya? ¿Se siente usted amado por sus familiares, sus colegas o por usted mismo? ¿Tiene usted que medicarse para la ansiedad, tristeza o para dormir? ¿Se siente verdaderamente feliz con su vida?

Aprendan a oír la voz del espíritu dentro de sus sufrimientos y fracasos, de manera que poco a poco vayan recordando quiénes son, de dónde vinieron y para dónde irán. <u>No se conviertan en Ciegos de Espíritu que solo vagan por las calles de la vida, mendigando las sobras del amor de otros.</u>

CITA #19

Co-dependientes = cojos espirituales que usan a otros como bastones para caminar en sus vidas.

Estos son los amores que nos matan, que con sus abrazos asfixiantes nos privan del oxígeno del amor en nuestro espíritu. Estos son los seres queridos que afirman saber mejor que nosotros lo que nos dará la felicidad. Son los mismos ciegos espirituales que no pueden encontrar la fuerza interior de su luz y son como parásitos o cánceres que solo pueden subsistir chupando la luz de otros. Se hacen importantes en nuestras vidas robándonos el libre albedrío que nos regaló la mente creadora del universo, que nos permite aprender por el proceso de acertar y errar.

117

Muchos de estos, sin querer queriendo y basados en sus fracasos y miedos, proyectan esta actitud que nunca los dejará desarrollar su potencial. En su inseguridad solo sienten que pueden obtener sus éxitos mediante las acciones de otros, para entonces robarles el crédito de su obtención. En la psicología, es una relación disfuncional entre dos personas que las une en un enlace donde la más fuerte impone su voluntad sobre la más débil. Esta alianza facilita vivir la experiencia de ambas partes como la de un cojo con su bastón, donde el cojo no puede caminar sin su bastón y este no es útil sin el cojo.

Esa relación se parece a la nuestra con el ego, donde el ego nos debilita creando conflictos emocionales entre los hijos del hombre para que nunca encontremos su luz y recordemos el camino de regreso a la casa de nuestro Padre. La figura dominante de la relación co-dependiente inhibe la autoconfianza en la dependiente para resolver las experiencias de vida que le provee el libre albedrío. Se parece a la relación del parásito con su huésped y a la de la célula cancerosa con la célula normal. El cáncer no tiene la capacidad de producir su propia energía y esas células malignas se mueren sin la presencia de células normales. Todo ser dominante en una relación co-dependiente es como un cáncer para la parte dependiente, y como está hambriento del amor que no encuentra en su interior lo roba de otros en su vida.

Estas relaciones ocurren mucho en la relación materno y paterno filial y en las de parejas, y son el origen del sufrimiento que muchas veces lleva a nuestros hermanos a estados de adicción a drogas, alcoholismo, desequilibrios psiquiátricos, abuso de género, abuso racial y explotación económica.

Ejercicios para interiorizar el mensaje

Comiencen con la práctica de la Meditación del Baño Colorido de Amor (ver referencias y recursos).

Revisemos nuestras vidas y veamos cómo las relaciones co-dependientes han marcado el rumbo de nuestras vidas y nuestro sufrimiento. Reconozcamos qué rol hemos tomado en cada una de nuestras relaciones. Observemos que muchas de estas relaciones co-dependientes las aprendimos de nuestros padres o cuidadores y que en muchas ocasiones las hemos pasados a nuestros hijos. Empecemos a aplicar la clave del perdón con todos los que nos las impusieron y luego con nosotros mismos por haberlas impuesto a otros. Debemos recordar que la mayoría de las veces fueron nuestras emociones e ignorancia de su efecto nocivo lo que nos llevó a promover este tipo de relación. Recordemos la oración final de Jesús en la cruz, "Padre, perdónalos, pues no saben lo que hacen." (Lucas 23:34) Hablemos con nuestros hijos, admitamos nuestros errores y vamos a apoyarlos para romper la cadena de co-dependencia con cojos espirituales en nuestras vidas.

CITA #20

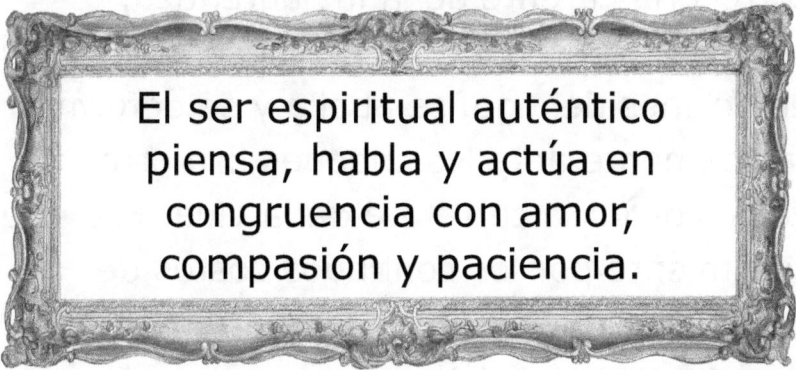

> El ser espiritual auténtico piensa, habla y actúa en congruencia con amor, compasión y paciencia.

Para vivir auténticamente el ser humano primero debe discernir la marca original de su vehículo (cuerpo) versus la imitación que la vida le quiere pasar inadvertidamente. Nuestra autenticidad se basa en el exclusivo sello de amor y luz de nuestra fábrica celestial, que nos hizo perfectamente a su imagen y semejanza.

Los hijos del hombre, en el miedo creado al dejar la seguridad del jardín del Edén, se sienten presos de la soledad creada por el terror de la desconexión con su fuente de luz. Entonces comienzan a creer que solo son una pobre imitación (knockoff) del hijo de Dios, que no tiene garantía eterna y solo tiene garantía de una vida terrenal. Propongo una metáfora: el ser humano que vive en una carrocería carente de la luz auténtica, estructurada con el "bondo" decorativo de las emociones del ego, se abolla y se deforma rápidamente ante los choques con otros vehículos en la carretera de la vida. Esto crea sufrimiento por los continuos costos de reparación que se necesitan para mantener las apariencias ficticias.

Los seres que reconocen su origen auténtico y su sello celestial de fábrica son muy cuidadosos en evitar choques descuidados que abollen sus vehículos y los de otros, pero cuando son chocados por otros conductores irresponsables o ignorantes de su autenticidad tienen la conexión permanente con la fábrica celestial para remplazar las piezas y partes originales para su reparación con la garantía eterna. La seguridad de la conexión con su garantía de fabrica les permite vivir en congruencia, reflejando su luz a otros con amor, paciencia y compasión.

Ejercicios para interiorizar el mensaje

Comiencen con la práctica de la Meditación del Baño Colorido de Amor (ver referencias y recursos).

Vivir en congruencia implica aprender a reconocer la pureza del tesoro que cargamos o guardamos en el interior de nuestro templo. Debemos mantener en condiciones óptimas el vehículo y la forma de guiarlo de manera que la luz que activa el motor nos sirva eternamente hasta que encontremos nuestro camino de regreso a la casa de nuestro Padre.

Nuestra manera de conducir el vehículo de nuestras vidas debe estar basada en el respeto a la luz que reside en todos los vehículos con los cuales compartimos la carretera de la vida, aunque los otros conductores no hayan reconocido la pureza de su marca de la fábrica celestial. Con mucha paciencia podemos compartir la fuente de nuestras piezas de garantía extendida eterna, de manera que ellos poco a poco reconozcan también que son vehículos auténticos de la marca del amor y la luz.

CITA #21

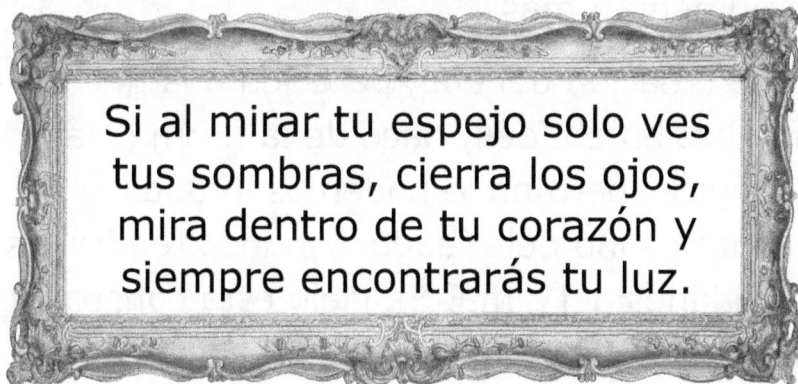

Si al mirar tu espejo solo ves tus sombras, cierra los ojos, mira dentro de tu corazón y siempre encontrarás tu luz.

Para descifrar el significado de esta oración primero revisemos las oraciones anteriores, "El ego es el que rapta nuestra felicidad y "Los ciegos de espíritu nunca encuentran el amor".

El denominador común de estas dos oraciones es la soledad y vacío resultante de la desconexión de nuestra fuente creadora de luz, que nos envuelve en el espejismo del ego. Pero, como cualquier espejismo, se desvanece al acercarnos y nunca podrá satisfacer nuestra sed espiritual del agua viva. El agua del manantial del ego, inicialmente estructurada por los sabores engañosos de las emociones, es como las bebidas alcohólicas intoxicantes que inicialmente sacian la sed pero rápidamente la aumentan más.

La creación del ego, parecida a la del hombre en el Edén, nace de la tierra (materia biológica) pero no le podemos infundir el aliento divino del creador y nunca tendrá las cualidades del alma. Su cielo está construido por los ladrillos de la materia biológica que nace, envejece, enferma y muere inevitablemente, y está fraguado por la pega inestable de las emociones. La creación del ego no puede aguantar los terremotos emocionales de la vida, ya que sus cimientos están construidos en la arena del ego y no la roca del espíritu.

El "paraíso" ficticio construido por el ego es un mundo exclusivo de lo mío y lo tuyo y no de lo nuestro, donde ya no hay ni el más leve recuerdo de nuestro linaje común como hijos de Dios y solo vivimos en contrastes continuados en el ciclo interminable del cambio que genera el tiempo y el tiempo que genera el cambio. Esta manera de vivir con egoísmo y falta de conciencia de nuestra interdependencia con las leyes del universo y otros seres se convierte en una pesadilla de sufrimientos con momentos breves de felicidad.

Las sombras creadas por los apegos emocionales se originan de las experiencias contrastantes, buenas y malas, que experimentamos cuando no percibimos lo deseado y que el ego nos prometió. Esto genera miedo, frustración, coraje, y envidia que se presentan en nuestros espejos como distorsiones monstruosas que nos destruyen nuestro amor propio y autoestima. La búsqueda de la felicidad entonces se enfoca en lo que otros seres afirman nos brindará felicidad, y dejamos de buscarla en nuestros corazones oscurecidos por las sombras ficticias de nuestras emociones. De nuevo, la clave del perdón es el "Windex" que nos permitirá pulir nuestros espejos hasta encontrar nuevamente la luz escondida en nuestras sombras. ¡Por eso solo tenemos que cerrar nuestros ojos y mirar en lo más profundo de nuestros corazones para encontrar la luz!

Ejercicios Para Interiorizar el Mensaje

Comiencen con la práctica de la Meditación del Baño Colorido de Amor (ver referencias y recursos).

Para poder redirigir nuestra mirada hacia el interior, primero debemos convencernos de que la felicidad que llenará nuestro vacío espiritual no la encontraremos en el reino material del ego. Esto lo logramos al revisar todas las experiencias buenas que hemos vivido y observado en otros, y ver cómo ninguna satisface nuestra felicidad ni la de otros permanentemente. Observen cómo personas exitosas con fortunas para derrochar nunca encuentran la felicidad, y muchas entran en estados de vicios, enferman, envejecen y mueren sin poder llevarse nada de esta experiencia terrenal. Recuerden sus propias situaciones y vean cómo todo proceso de felicidad cambia y desaparece según el tiempo cambia. Observemos a los que realmente proyectan felicidad y verán lo poco que tienen y lo mucho que se aman y aman al prójimo. Revisen sus textos sagrados y léanlos con los ojos del espíritu para ver la nueva luz que ellos tienen atesorada para ustedes. Mediten la oración previa y usen la clave del perdón con ustedes y otros.

CITA #22

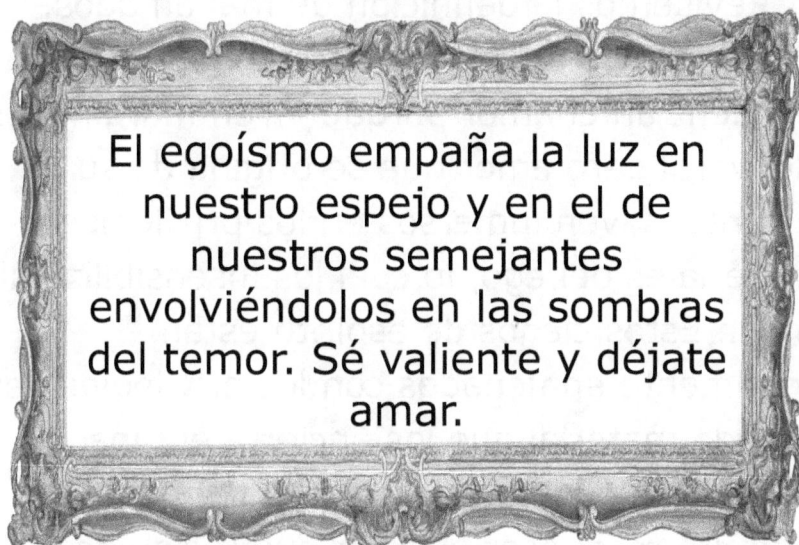

El egoísmo empaña la luz en nuestro espejo y en el de nuestros semejantes envolviéndolos en las sombras del temor. Sé valiente y déjate amar.

Para entender la importancia de esta oración debemos revisar la oración previa sobre los "ciegos de espíritu" y recordar de mi libro Espiritualidad 101 el término de los "mal amados". Uno de los procesos más difíciles es permitir que nos amen y no tanto que podamos amar a otros. Por eso en uno de mis libros cuento la experiencia que obtuve al meditar sobre qué pondría en la lápida de mi tumba. Esto fue lo que yo vi en mi meditación, "Aquí yace un ser que aprendió a amar y a dejarse amar". ¡Todavía estoy trabajando con la parte de dejarme amar!

Revisemos la definición de mal amados. Estos son los ciegos de espíritu, que nunca encuentran el amor porque viven marginados del verdadero amor que se origina de su espíritu. Viven inmersos en los privilegios materiales del ego, lo cual los insensibiliza al amor. Estos ciegos de espíritu están totalmente enajenados con los privilegios del mundo material que los encierra en una cárcel de pobreza y carencia que no les permite reconocer el amor que reside en ellos. Viven en las sombras del sufrimiento y desamor ya que creen que nadie nunca los ha amado y por lo tanto no han aprendido a amar. Estos son los pobres de espíritu que Jesús tanto quiso ayudar, y fueron los mismos para los cuales el pidió, "Padre, perdónalos porque no saben lo que hacen".

Estos seres viven en los infiernos más oscuros de la ignorancia, y de aquí nacen las facetas más grotescas del hijo de hombre, donde sus acciones concuerdan casi totalmente con su parte animal y casi ninguna con la parte espiritual de su origen. La ignorancia de todas sus cualidades espirituales los convierte en seres insensibles al sufrimiento de otros y solo buscan la venganza por no tener los que otros tienen. Solo pueden robar las posesiones materiales de otros y el amor que no creen merecerse. El amor se transforma en poder y violencia sobre los más débiles por la ley de la supervivencia del más fuerte. La sexualidad y las drogas se usan para escapar de la realidad de su sufrimiento. La sociopatía y todos los otros trastornos de personalidad nacen de estos seres mal amados. Estos ciegos de espíritu nacen de la necesidad de usar a otros para sus propósitos egoístas.

Estos mal amados no confían en nadie y nunca se dejan amar, pues no entienden que alguien podría amarlos. Ellos nunca fueron amados en su infancia o crianza y solo buscan que otros respondan a sus necesidades por el temor. Son como animales domésticos maltratados con los que debemos ganar confianza poco a poco, primero sanando sus enfermedades mentales y físicas, luego mitigando su hambre y finalmente ofreciéndoles una mano que les acaricia y no les pega sin importar su reacción. La rehabilitación de un mal amado toma mucha paciencia y compasión, porque fueron muchos años los que les tomó olvidar su origen de la luz. Ellos deberán atreverse a dejarse amar poco a poco y aprender a ver la luz en los corazones de otros para poder algún día encontrar la suya en su interior. El ego, con su incesante bombardeo de emociones negativas, asegura que las sombras asfixien la poca luz que el mal amado pueda percibir. Tristemente, es el sufrimiento persistente que estos seres experimentan lo que en muchas ocasiones los lleva a la rectificación de sus vidas, al llegar al fondo más profundo de sus infiernos en donde el amor, compasión y la luz de otros les hace por fin dejarse amar y devolver el amor a otros.

Ejercicios Para Interiorizar El Mensaje

Comiencen con la práctica de la Meditación

del Baño Colorido de Amor (ver referencias y recursos).

Los seres mal amados son muy difíciles de ayudar y drenan nuestra paciencia y energía. Casi siempre necesitan ayuda profesional que incluya fundamentos espirituales. Solo podemos bombardearlos con amor y paciencia, ya que no hay ningún hijo de Dios que no tenga la oportunidad de encontrar su luz y nunca podemos perder la esperanza en su sanación. Para los que tengamos la responsabilidad de supervisarlos, nunca nos debemos enfocar en sus sombras sino en su luz, para que ellos puedan reconocerla en sí mismos. Recuerden, primero disuelvan sus sombras antes de tratar de ayudar a otros a disolver las suyas (no cargues con las cruces de otros si aun no puedes con las tuyas).

CITA #23

> El verdadero amor no se da o se quita, sino que despierta el amor que el otro siempre ha tenido.

Esta oración se explica ampliamente en el capítulo siete del libro Espiritualidad 103, donde el amor es comparado con un pedazo de carbón sin pulir que contiene todo el amor potencial que recibimos en la creación. Las lecciones de amor nos ayudan a pulir las asperezas (sombras) de ese carbón, que no dejan que nuestro brillo se despliegue claramente a nuestro alrededor.

Por eso no pueden existir los mal amados, ya que el amor siempre ha estado con todos desde su creación. El problema reside en que para poder pulir mi carbón debo creer que existe en nosotros, y que puede pulirse y reflejar su brillantez. Según explicado en mi primer libro, en nuestra escuela universal todos estamos en el mismo salón, pero en diferentes grados de aprendizaje, donde alternamos el rol de maestro y discípulo para ayudarnos a pasar nuestros exámenes y ascender de grados. Todos agradecemos lo aprendido de nuestros condiscípulos más avanzados y por compasión ayudamos a los que nos siguen en los niveles inferiores.

Igualmente, el amor que reside potencialmente en todo ser o discípulo de la escuela de la vida solo se puede descubrir y pulir con las experiencias difíciles y con la ayuda y esperanza que nos brindan aquellos que han encontrado su amor. Estos son de los cuales nos enamoramos al observar el brillo de su diamante, y de los cuales aprendemos a brillar el nuestro. El amor se descubre y nunca se recibe, ni se da, ni se quita. Los seres que aman solo destellan su amor con ejemplos de acciones que reflejan el brillo de su intención y no necesitan robar el diamante de nadie para sentirse amados.

Las relaciones amorosas duran el tiempo

en que cada una de sus partes pueda seguir aprendiendo de la otra a cómo mejorar el brillo de su propio diamante, pero cesan en el momento en que no tengan nada que ofrecerse mutuamente. Por eso al cesar la relación amorosa no puede haber ningún arrepentimiento, ni pesar, ni pensar que fue una pérdida de tiempo, ya que nadie puede romper tu corazón, ni robarse el amor que uno reflejo al otro. Cada parte se llevará el amor que pulió de su carbón con las lecciones de amor de la experiencia.

Ejercicios Para Interiorizar El Mensaje

Comiencen con la práctica de la Meditación del Baño Colorido de Amor (ver referencias y recursos).

Revisemos todas las relaciones amorosas familiares y de pareja de nuestras vidas. Recordemos cómo fue que nos enamoramos al ver el brillo del diamante de nuestros seres amados. Identifiquemos cómo perdimos la capacidad de encontrar el brillo en el corazón de la pareja, pero sin nunca dejar de ver el nuestro. Sumemos los eventos que cada relación brindó a nuestras vidas y entendamos que las experiencias negativas no deberían borrar las positivas, porque el brillo creado en nuestro diamante no se puede eliminar. Solo se empaña de manera temporera ya que se elimina al pasarle un paño limpio.

Entendamos que podría ser normal pero no necesario encontrar de nuevo el brillo en los diamantes de otros para seguir puliendo el nuestro. Nunca es tarde para dejarse amar y amar nuevamente, aunque todas las nuevas experiencias sean muy diferentes y no comparables a las anteriores. Nunca tengamos miedo a que los otros encuentren el brillo escondido de nuestros diamantes, porque nos de miedo al recordar el final de una relación amorosa, ya que tendemos a esconder nuestro brillo bajo las emociones que enturbian de manera temporera su resplandor. Para que este miedo se desvanezca debemos practicar la clave del perdón con cada experiencia de separación, sin asignar culpabilidad unilateral sino entendiendo la co-responsabilidad de su resultado.

CITA #24

La muerte no es el fin de una historia, sino el principio de otra.

Para entrar en el significado profundo de esta oración primero debemos revisar cómo nuestras mentes perciben la creación como una experiencia continua de consciencias que viajan por el universo multidimensional en vehículos que se cambian para adaptarse a cada nuevo destino. Pero en cada cambio de vehículo se mantiene la capacidad de archivar todas las experiencias percibidas en el continuo mental de nuestra memoria universal, el ADN. La desconexión de la comunicación que ocurre cuando nuestra consciencia desciende a planos más densos en el tiempo nos limita el recordar el origen previo de nuestro viaje.

Parecería para algunos que el fin de una de nuestras experiencias de viaje sería el fin de todo el itinerario, cuando solo es un cambio de vehículo y de estación hacia otra nueva ruta. Esta interpretación errónea se genera por la incapacidad de recordar los itinerarios previos, que solo podrán ser recordados cuando al final del recorrido asignado hayamos acumulado y aprendido toda la sabiduría aprendida en nuestras lecciones de amor. Para nuestras mentes limitadas como hijos del hombre pueden parecer viajes solitarios e individuales con un principio y final, pero ante los ojos infinitos de nuestra mente primordial creadora (Dios) son solo una experiencia universal inclusiva, interpretada como individual por los hijos de hombre al olvidar: ¿Quiénes son? ¿De dónde venían? ¿Y a dónde volverán?

Esto implica que toda la experiencia universal siempre fue, es y será de la mente creadora de Dios, y que no se le puede asignar un principio (alfa) o un final (omega) pues este incluye a las dos. Para nosotros, los hijos del hombre, la experiencia de nuestras jornadas puede parecer como historias desconectadas unas de otras con un principio y final, pero para la mente primordial del creador son como historias entrelazadas con el guión del amor en una continua experiencia de sabiduría sin principio ni final.

Ejercicios Para Interiorizar El Mensaje

Comiencen con la práctica de la Meditación del Baño Colorido de Amor (ver referencias y recursos).

Para interiorizar el significado previo hagamos una analogía entre nuestras vidas y una obra de teatro, donde la obra representa una de las muchas experiencias del viaje universal, los personajes son nuestras misiones de aprendizaje individual, y el café teatro donde nos reunimos los actores a cambiar impresiones de nuestra actuación es lo que ocurre después de la "muerte" o final de la obra. No importa cuán prominente o limitada sea nuestra actuación, lo que se evaluará y tendrá relevancia será cuán bien la llevamos a cabo. Tampoco nuestro rol, sea de villano o héroe, influenciará nuestro compartir en el café teatro con aquellos que sufrieron nuestras acciones durante la obra.

En el café teatro aprendemos de otros actores a evaluar cómo hicimos nuestro rol o misión y recibimos orientación sobre cómo podemos actuar en nuevos roles que nos serán asignados según vamos mejorando nuestra actuación. Según progresamos nos irán asignando roles y guiones más difíciles para actuar en nuevas obras. Para poder ser felices en la vida entonces nunca podemos tomar en serio nuestros roles buenos, malos, principales o secundarios, ya que todos tienen su importancia en la obra y debemos tener paciencia y la esperanza de que todos podremos ir progresando en la importancia de nuestros personajes. <u>Por eso debemos ver nuestras muertes como entreactos enriquecedores en la continuidad de la experiencia creada por Dios.</u> Revisen sus vidas y observen si han ido mejorando su actuación en el teatro de su vida.

CITA #25

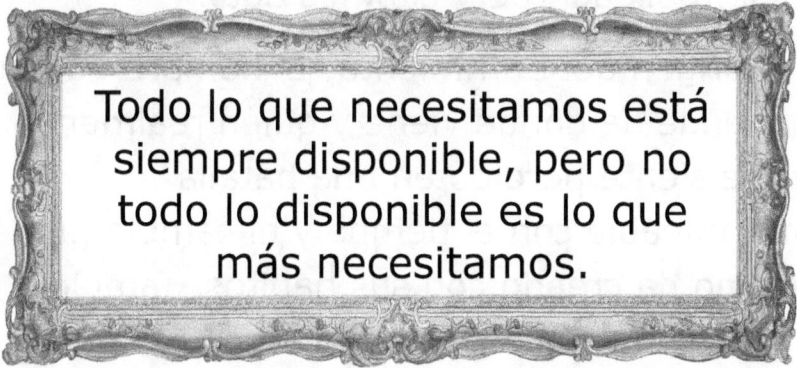

Todo lo que necesitamos está siempre disponible, pero no todo lo disponible es lo que más necesitamos.

La sabiduría escondida en la sencillez de esta oración es inmensa, porque detrás de ella está el secreto de cómo encontrar nuestra felicidad. Hay mucha concordancia con esta otra oración, "Aunque todos los seres estamos de acuerdo en querer ser felices, casi nunca concordamos en cómo obtener la felicidad". Con este paradigma seleccionamos la cantidad y calidad de lo que nos ofrece el suculento bufet de nuestras vidas, donde si no sabemos escoger bien, podríamos acabar con una indigestión o empache emocional. Quizás en la próxima visita al bufet podríamos saborear otras delicias que habíamos pospuesto en la ocasión anterior. Revisemos el concepto de felicidad que discutimos en el libro Espiritualidad 101 y citamos aquí.

"Origen del Sufrimiento: El hombre que no entiende de dónde viene y quién realmente es se siente perdido en una batalla interminable con el tiempo y el cambio que él mismo ha creado con sus hábitos. También sufre la discrepancia que tiene con otros seres sobre lo que realmente es la felicidad.

La verdadera felicidad es un estado de balance interior (bienestar) de la mente que no depende de lo que esté pasando afuera de ella.

El hijo del hombre parecería haber olvidado su verdadero origen, creando por ignorancia una separación ficticia de su creador. Para reencontrar la felicidad debemos recordar nuestro verdadero origen y comprender que la experiencia de la vida es solo una, en donde lo trascendental se manifiesta en una infinita y cambiante gama de posibilidades. La interdependencia de una posibilidad con otra es inevitable, lo cual da origen a la verdadera solidaridad de nuestra humanidad en esta experiencia. Entonces el origen de todo sufrimiento es la ignorancia de nuestro verdadero origen." (Citado del libro Espiritualidad 101: Para los Colgaos en la Escuela de la Vida.)

Estos pasajes citados nos refuerzan la importancia de saber seleccionar lo necesario para facilitar nuestro rol y progreso espiritual e humano dentro del marco de lo superficial. Ese progreso pacificará el deseo ambicioso terrenal del ego ante la intención amorosa del espíritu que sacia el vacío creado por la desconexión con nuestro Creador. Para poder aprender las experiencias esenciales debemos aprender a usar la intención amorosa inclusiva que busca la felicidad del "nos" y no la intención egoísta exclusiva del "yo" que solo busca satisfacer el ego.

Hay que desarrollar la paciencia y el discernimiento para saber escoger las opciones más inclusivas de todas las opciones disponibles, que facilitan el aprendizaje de las lecciones de amor que necesitamos para borrar la distorsión emocional de las sombras de ego. Ese aprendizaje nos ayudará a mejorar la agudeza visual del hijo del hombre para ver el universo amoroso que el espíritu siempre aprecia al observarnos. Nada de lo que nos ofrece el mundo material externo puede satisfacer la tristeza que siente nuestra alma por la pérdida de los recuerdos de su origen divino.

Por eso lo que más necesitamos para nuestra felicidad no parece estar disponible en la realidad externa de nuestras vidas, pues solo las lecciones de amor nos abren los ojos a la belleza escondida de nuestra sabiduría interior. Aprendamos a reconocer lo verdaderamente disponible en la luz pura del reflejo de nuestro espejo y no en las sombras que distorsionan esta imagen, que nos desvían de nuestro camino de regreso a la casa de nuestro padre.

Sin ese discernimiento el libre albedrío se convierte en una pesadilla de sufrimientos con momentos breves de felicidad (parecería una telenovela).

Ejercicios para interiorizar el mensaje

Comiencen con la práctica de la Meditación del Baño Colorido de Amor (ver referencias y recursos).

Para poder entender esta oración debemos revisar todas encrucijadas decisionales de nuestras vidas y ver cómo cada intención y acto de libre albedrío brindó resultados contrarios a los esperados. Recordemos que las acciones más inclusivas, aunque también fueran difíciles y con resultados a largo plazo, nos ofrecieron las experiencias más gratificantes. Los seres más sabios no van detrás de los resultados inmediatos más gratificantes de corta duración, sino de los que maduraban lentamente en una experiencia inclusiva y perdurable.

CITA #26

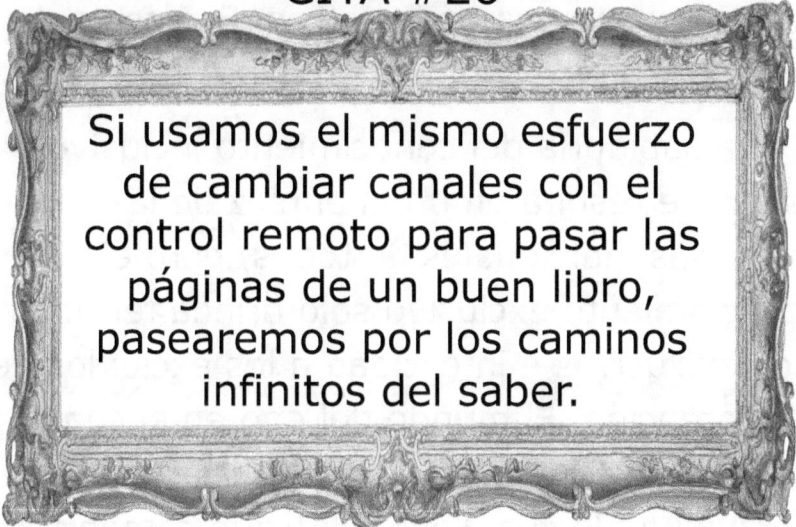

Si usamos el mismo esfuerzo de cambiar canales con el control remoto para pasar las páginas de un buen libro, pasearemos por los caminos infinitos del saber.

Si revisamos los libros Espiritualidad 101 y Espiritualidad 1.2 podemos recordar que nuestro conocimiento es programado de forma inconsciente en nuestro ADN biológico (herencia), y tanto consciente como subconscientemente por nuestros padres, escolaridad, religión, medios de comunicación e influencias raciales y geográficas. Este conocimiento no siempre está basado en la sabiduría inclusiva del amor y muchas veces se indoctrina por el conocimiento exclusivo del ego. El conocimiento exclusivo se basa en el beneficio del individuo, lo temporal, lo racial, poder terrenal, lo autoritario, lo mío y nunca tiene la sensibilidad de ver su efecto en la experiencia en los otros. Ese estilo de vida se conoce como el egoísmo.

La sabiduría del conocimiento inclusivo siempre resulta en un final feliz de las historias individuales de todos, pero el conocimiento exclusivo solo brinda felicidad a los exclusivos e infelicidad a los excluidos de su intención. El mundo del ego en el cual vivimos cree que toda experiencia de vida es individual, lo cual lleva a los que comparten esa visión a vivir en un lugar lleno de contrastes de felicidad e infelicidad.

Por eso la manera más eficiente de salir de la trampa exclusiva del ego y sus emociones carceleras es primero revisar todos los programas que hemos heredados y recibido durante las diferentes etapas de nuestras vidas. Luego aprender a separar la cizaña del trigo identificando por sus efectos positivos y negativos respectivamente en nuestras vidas y las de otros los programas inclusivos de los exclusivos. Esta etapa es un proceso de toda una vida y no ocurre de un día para otro. Tenemos que dejar que nuestro espíritu nos guíe para aprender a filtrar la naturaleza de los programas en los medios, internet, televisión, cine, libros, grupos sociales, políticos y religiosos de tal manera que dejemos de programar nuestras mentes inconscientemente. Este es el mensaje de Jesús, de convertirnos en el nuevo hombre por medio de la buena nueva que él nos brinda con su ejemplo.

Este es el nuevo hombre que, guiado por la sabiduría inclusiva del amor, por medio de su voluntad sabe cómo usar correctamente su mente (control remoto) para sintonizar los canales y medios que le ofrecerán las frecuencias apropiadas que transmiten el amor del espíritu.

Ejercicios para interiorizar el mensaje

Comiencen con la práctica de la Meditación del Baño Colorido de Amor (ver referencias y recursos).

Al igual que en todos los otros ejercicios,

la clave del perdón juega un papel muy importante ya que tendremos que perdonar los programas exclusivos que heredamos de nuestros padres, tal y como les pasó a ellos. Luego debemos perdonar los que hemos aplicado a otros, y pasado a nuestros hijos y seres queridos. Esto rompe la cadena incesante de sufrimiento que hemos dejado a nuestros descendientes en la herencia de nuestro ADN, a la que se refiere la Biblia con la oración, "No los adorarás ni les servirás; porque yo, el Señor tu Dios, soy un Dios celoso, que castigo la iniquidad de los padres sobre los hijos hasta la tercera y cuarta generación de los que me aborrecen." (Éxodo 20:5)

Por eso nuestra responsabilidad para ayudar a que el nuevo hombre aparezca es purificar la impureza heredada en nuestro ADN, desintoxicando tanto la parte emocional como la física. La emocional lo hacemos por medio de la clave del perdón y la física detoxificando nuestro cuerpo con una alimentación basada en la bioética natural de ingerir alimentos vegetarianos libres de contaminantes químicos, insecticidas, y transgénicos. Les recomiendo que busquen referencias en la bibliografía. No podemos hacer un culto de la mente y el cuerpo físico independiente uno del otro, sino buscar el balance de vivir con los pies en la tierra, pero los ojos en el cielo.

CITA #27

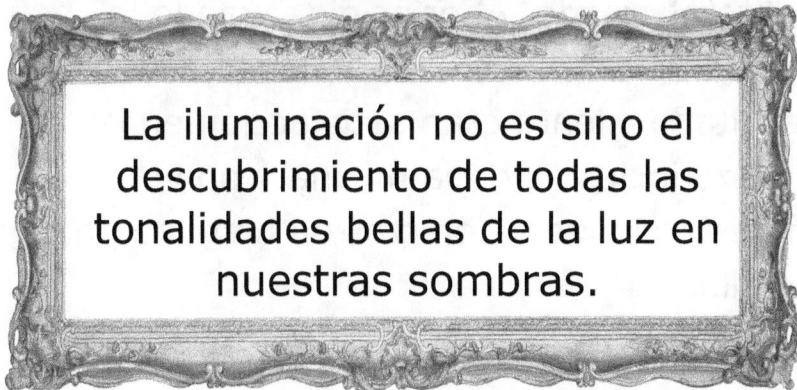

La iluminación no es sino el descubrimiento de todas las tonalidades bellas de la luz en nuestras sombras.

Es más fácil entender el mensaje detrás de esta oración si revisan la discusión del camino del medio previamente explicada. Siempre se ha dicho que la belleza es una percepción muy subjetiva porque, "la belleza está en el ojo del observador". Para entender la aparente ambigüedad que le quita parte del poder a lo observado y se lo asigna al observador debemos recordar esta cita de mis libros y su discusión, "Cuando el ser aprende a mirar el universo por los ojos del espíritu solo ve amor". Si aceptan mi premisa de que la mente primordial (Espejo Mágico) es la inteligencia más inclusiva, ya que puede

159

percibir la totalidad de su creación, la inteligencia de las partes creadas debe ser más exclusiva (limitada) en el entendimiento del total creado. Al principio, cuando la mente primordial creadora observa su resultado, siente gran satisfacción en la belleza inclusiva de la misma y no ve imperfecciones o defectos en ninguna parte de ella.

Según los hijos de Dios se fueron reproduciendo y alejándose de su origen de la luz, su inteligencia se iba haciendo progresivamente menos inclusiva y más exclusiva, cambiando cómo el espíritu vio la creación en su estado original. En el libro Espiritualidad 103 se describe el estado progresivo de separación que se produce en los hijos de Dios durante su travesía como uno de soledad y tristeza, que da origen a la creación de un dios falso para sustituir al añorado por sus recuerdos. Este dios es el ego, que da origen a las emociones que crean las sombras que distorsionan y convierten la visión amorosa inclusiva inicial en una exclusiva egoísta, que divide artificialmente la luz en contrastes de luz y sombras y de belleza y fealdad.

Estos seres con una visión obstruida por la exclusividad de sus sombras separaron la visión amorosa original del espíritu en una de oposición y contrastes buenos y malos. Esto los lleva a buscar continuamente las experiencias buenas y evitar las malas. Pero si revisamos esta cita del libro Espiritualidad 103 comprenderemos mejor el origen del sufrimiento, "El reino del Guerrero de las Sombras es nuestro universo tridimensional, donde rigen las leyes del tiempo y espacio. En este universo las leyes de termodinámica ubican el proceso de la materia en un continuo cambio de materia a energía, y toda estructura física se separa en sus partes por su propia entropía. Esta inseguridad y su apego a las experiencias buenas genera el sufrimiento en los guerreros que habitan en este reino."

Ejercicios para interiorizar el mensaje

Comiencen con la práctica de la Meditación

del Baño Colorido de Amor (ver referencias y recursos).

Debemos recordar que todo lo creado por esa mente primordial tenía su intención amorosa tanto en las experiencias de las sombras como de la luz, aunque en nuestra experiencia exclusiva o limitada parecería ser una intención de sufrimiento. Por eso volvemos a recordar que toda situación tiene dentro de sí una lección de amor para ser descubierta por nuestro entendimiento como un tesoro escondido. Revisemos nuestras experiencias negativas pasadas para que vean como todas tenían su tesoro escondido. Si aprendemos a preguntarnos durante el episodio amargo cuál es el propósito de la experiencia y no la razón de la misma haremos el esfuerzo inicial para descubrir las tonalidades bellas de la luz en nuestras sombras.

Continúen practicando el ejercicio de la clave del perdón todos los días para seguir reconectando nuestra mente con la mente primordial, fuente de nuestra luz.

CITA #28

Lo único que veo envejecer en la reflexión de mi Espejo Mágico es el espejo.

Esta es la oración favorita para compartir en mis cumpleaños, porque lleva dentro de ella el secreto de la juventud. Comparto en mis libros cómo mi proyección a mitad de mi carrera profesional como cirujano pediátrico era una menos juvenil por la actitud de tomar mi acción con una seriedad, auto crítica y responsabilidad excesiva que nunca me dejaba estar satisfecho y feliz con mis resultados. Esta inmadurez espiritual me llevaba a la búsqueda de la perfección en todas mis acciones y metas, lo cual como ya hemos discutido es un ejercicio fútil y frustrante. Me cuentan mis amigos, familiares y pacientes que parecía estar siempre de mal humor buscando las causas de mis aparentes fracasos en los que me acompañaban en ese entonces.

Mis retratos de aquella época proyectan esa imagen que, al compararla con la actual muchos años después, parece haber pasado por un milagroso rejuvenecimiento. Ahora, además de no exigirme la perfección como una meta absoluta sino dar mi mejor esfuerzo en su búsqueda, busco humanizar mis fracasos con el entendimiento y perdón, cuidar que solo le provea a mi organismo la mejor calidad de ingredientes del reino vegetal y la mejor calidad de ingredientes emocionales del reino mental y espiritual. Todo esto resulta en una imagen juvenil que nace de cada célula rejuvenecida por el amor y respeto propio.

Por eso es que todos los años cuando miro la reflexión de mi imagen en mi espejo,¡lo único que veo envejecer es el espejo!

Ejercicios Para Interiorizar El Mensaje

Comiencen con la práctica de la Meditación

del Baño Colorido de Amor (ver referencias y recursos).

Aquí el ejercicio de la clave del perdón, dirigido a toda la frustración y auto crítica que guardamos en la parte más profunda de nuestra subconsciencia en los momentos que no sabíamos lo que hacíamos, nos liberara del peso y corrosión emocional que ha envejecido cada célula de nuestro organismo. De manera que el baño de amor colorido con que el perdón empapa nuestras células rejuvenece cada rincón de estas y una luz resplandeciente juvenil emana y se refleja en nuestro espejo.

CITA #29

El sufrimiento es solo para aquellos que encuentran defectos en su perfección; la alegría es para los que encuentran perfección en sus defectos.

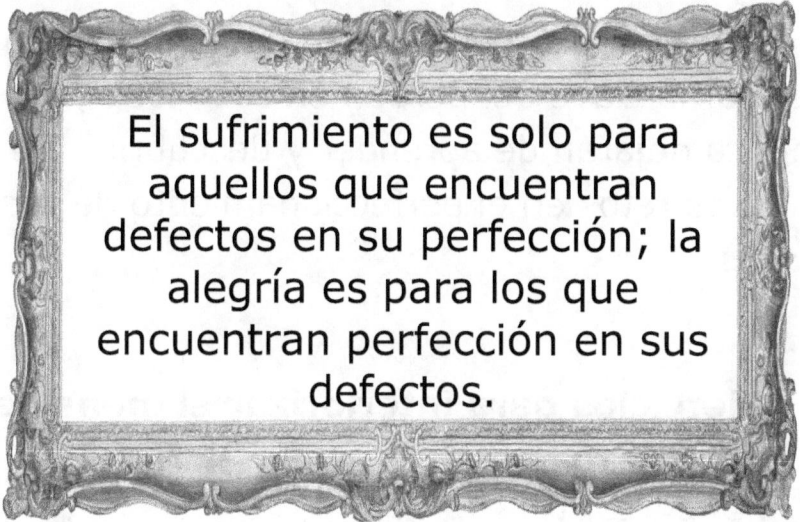

Recordemos que la perfección es un estado ilusorio del ego, porque lo que existe en la mente (Espejo Mágico) de nuestro creador es un proceso de perfeccionamiento o evolución individual incesante que nos motiva a seguir descubriendo los tesoros escondidos en nuestras sombras. Los seres que aprenden a entender sus errores como lecciones instructivas de amor que el Creador nos facilita para seguir perfeccionando nuestra acción y visión de lo creado nunca encontrarán los defectos de su culpa en su travesía universal. Estos nunca pierden su alegría porque siempre encuentran alguna perfección (luz) en sus defectos (sombras).

Estos son los bendecidos que aprendieron a usar la clave del perdón en sus vidas y nunca dejarán de aprender y descubrir nuevos retos en el perfeccionamiento de sus vidas.

Ejercicios para interiorizar el mensaje

Comiencen con la práctica de la Meditación del Baño Colorido de Amor (ver referencias y recursos).

Revisemos todos los episodios de frustración y coraje que hemos padecido cuando no pudimos obtener el estado de "perfección" que nuestro ego u otros nos impusieron. Recordemos cómo estos "fracasos" nos quebraron la voluntad para seguir esforzándonos por perfeccionar nuestras vidas debido al sufrimiento asociado a este esfuerzo. Recordemos la satisfacción que vivimos al obtener metas menos perfectas, que otros minimizaban con su envidia y frustraciones personales.

Por medio de la clave del perdón, descubramos nuevamente la motivación de emprender nuevos senderos, al descubrir cómo esos aparentes fracasos encerraban tremendas lecciones sabias de amor que nos preparaban para otras, y que nos apoyarían a perfeccionar nuestra experiencia como hijos de Dios y de la luz.

CITA #30

No importa el instrumento ni el tiempo que tocas en la sinfonía universal - lo importante es que sin tu parte la sinfonía no estaría completa.

El significado de esta oración podría aclararse si comparamos al director de la sinfonía universal con un maestro relojero, y a la sinfonía con el reloj creado por él. Al igual que para el maestro relojero, ninguna de las partes que el usa para su creación es más importante que otra, ya que sin una de sus partes el reloj no mediría bien el tiempo, igual que sin sus músicos la orquesta no podría tocar armónicamente su melodía.

Igualmente, el creador enfoca su propósito en la interacción holográfica de todas las partes de su creación para su misión universal y no la individual de cada una de sus partes. No importa la predominancia de participación de un instrumento en la sinfonía universal, lo que se espera de cada músico es perfeccionar su parte en la melodía. La alegría de los que oyen la sinfonía y confían en la fidelidad en la medida del tiempo del reloj no depende de la acción de una de sus partes, sino del resultado de la interacción de todas.

Ejercicios para interiorizar el mensaje

Comiencen con la práctica de la Meditación del Baño Colorido de Amor (ver referencias y recursos).

Revisemos cómo nos hemos sentido en los roles que se nos han asignado en la sinfonía de la vida, y cómo esto nos ha influenciado en sentirnos útiles y felices. Veamos cómo la sensación de minimizar nuestro rol y envidiar los de otros nos ha creado infelicidad. El aspirar y admirar el rol de otros podría ser una motivación para mejorar nuestra participación si nos inspira a seguir aprendiendo para mejorar nuestro rol sin minimizar los de otros en la sinfonía.

Usemos la clave del perdón para sanar la insatisfacción de nuestro rol actual y perdonar los sentimientos negativos generados por la envidia. Aprendamos a reconocer la importancia de nuestra misión dentro del contexto universal, pues sin ella el propósito del Creador no estaría completo.

CITA #31

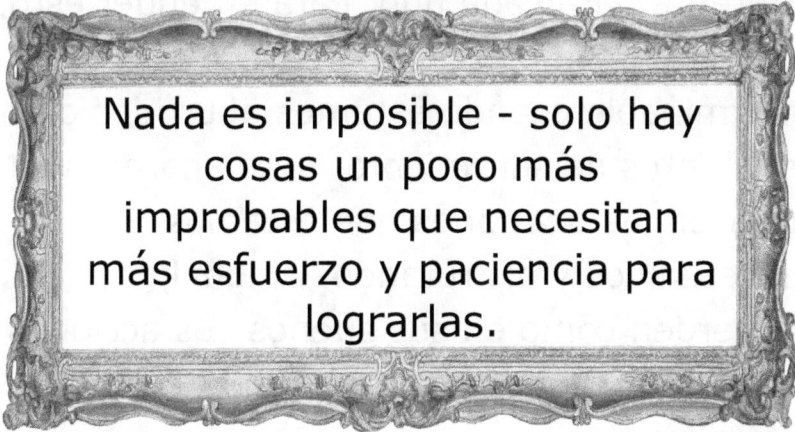

Nada es imposible - solo hay cosas un poco más improbables que necesitan más esfuerzo y paciencia para lograrlas.

Para entender el significado de este mensaje debemos entender lo que es el tiempo y la cualidad de la paciencia para permitir que el universo apoye nuestro esfuerzo creativo. En esta no hay ningún componente que se origine del ego y su intención exclusiva.

El tiempo es una percepción muy subjetiva y relativa de cómo nuestras mentes guardan en su memoria la continuidad de las diferentes escalas de nuestro viaje universal. Aunque el ser ha establecido instrumentos para poder medir objetivamente esta continuidad de nuestra consciencia, la misma experiencia temporal medida con exactitud para dos seres distintos parecería ser diferente para cada uno. Para entender esto, recuerden cómo el tiempo parece ser interminable cuando estamos aburridos o en momentos de sufrimiento, pero aparenta volar en las ocasiones que estamos entretenidos y disfrutando. Al igual, recuerden como en sus sueños sus acciones ocurren en una perspectiva temporal muy diferente.

La relatividad del tiempo, explicada en la teoría de Einstein, se basó en un concepto ahora obsoleto que afirmaba que la velocidad más rápida obtenible entonces era la de las partículas de la luz. La ciencia ha descubierto al presente partículas que sobrepasan la misma. Veamos los siguientes ejemplos. En una competencia de pista y campo, donde compiten solo tres corredores, los que están en la segunda y tercera posición ambos entienden que van más lento que el que va en primer lugar, y entre sí se perciben uno más lento que el otro y viceversa., Mientras, el que está en la primera posición confirma que va más rápido porque no percibe a nadie más adelantado que él. Al llegar a la meta, solo es la medida del tiempo del ganador la que se usa para medir la velocidad de sus seguidores. Ahora, si no se midiera el tiempo relativo de ellos ninguno podría saber su velocidad, pero sí podrían entender su orden de llegada. En teoría, nunca existirá un tiempo récord permanente mientras exista la posibilidad que otros corredores participen en futuros eventos.

El hecho que exista la posibilidad de romper el récord previo infinitamente nos demuestra que no existe lo imposible en la relatividad del tiempo. La teoría física cuántica y la matemática de las estadísticas y probabilidades lo demuestra. Las probabilidades aumentan según aumentamos nuestro esfuerzo, lo cual se comprende al reconocer que el que juega un boleto de la lotería tiene más oportunidad de ganar que el que no lo juega, y el que juega más frecuente y más números tiene más oportunidades que el que juega menos. El problema es que el tiempo relativo del hijo del hombre se acorta por la limitada consciencia de la vida biológica de su cuerpo, mientras que la consciencia del hijo de Dios traspasa y continua por toda la creación. <u>Por eso decimos que todas nuestras peticiones y acciones guiadas por el amor se hacen realidad en el tiempo de Dios, no en el nuestro.</u>

Concluimos que nada es imposible, solo un poco más improbable, donde solo tenemos que esforzarnos más y tener paciencia para dejar que la semilla sembrada con el esfuerzo de cultivo correcto rinda el fruto añorado en la estación correcta del tiempo de Dios.

Ejercicios para interiorizar el mensaje

Comiencen con la práctica de la Meditación del Baño Colorido de Amor (ver referencias y recursos).

Revisemos todos los esfuerzos realizados y veamos cuán exitosos hemos sido. Observemos si todos los éxitos obtenidos nos proveyeron la felicidad que buscamos.

Comprendamos que los éxitos basados en nuestros esfuerzos que no están motivados en la ley de oro del hijo de Dios sino en la motivación exclusiva del hijo del hombre nunca nos darán los frutos esperados.

Al igual revisemos cómo los esfuerzos en lograr metas que fracasaron pero que estaban basadas en la ley de oro, inclusiva en la intención amorosa, nos proveyeron lecciones de amor que luego nos darán herramientas para ser exitosos en obtener otras metas. Apliquemos la clave del perdón en nuestros fracasos y en los éxitos que no nos proveyeron con la felicidad esperada y apliquemos la paciencia para intentar nuevamente.

CITA #32

> No hay enfermedades
> incurables, pero algunas son
> un poco más difíciles de tratar.

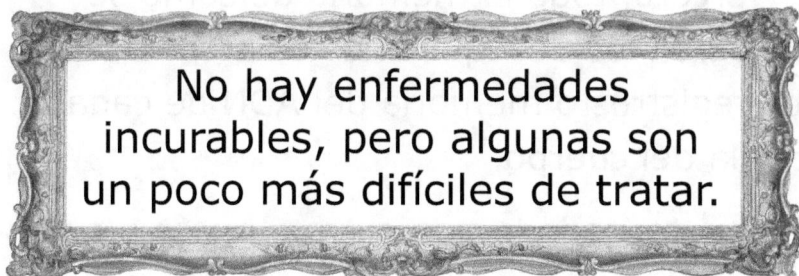

Este mensaje es muy similar al anterior, pero dirigido a la intención del terapeuta y a la facilitación del enfermo en el proceso de sanar. Esta oración será el tema de uno de mis próximos libros y solo destacaré algunos puntos importantes fundamentales que debemos entender. Enumeremos algunas premisas para aceptar y entender esta oración.

Primero, no existen las enfermedades sin los enfermos. Por eso no se deben tratar las enfermedades sino a los enfermos.

Segundo, las enfermedades son el resultado de nuestra ignorancia en cómo cuidar y prevenir los desequilibrios que crean los avisos o alarmas que el cuerpo produce y que llamamos síntomas y enfermedades, de los cuales somos totalmente responsables.

Tercero, toda la memoria de cómo se causaron los desequilibrios es archivada en los registros o memoria del ADN de cada célula del cuerpo.

Cuarto, todo lo que entra a nuestro cuerpo por cualquiera de los cinco sentidos que el organismo no reconozca como beneficioso se considera tóxico, y el organismo reacciona inmunológicamente para protegerse por medio del proceso inflamatorio.

Quinto, este proceso inflamatorio nos da alarmas en sus primeras fases, conocidas como síntomas, que pueden ser corregidas inicialmente sin mucha dificultad. Pero si las causas de estos síntomas no son corregidas el proceso inflamatorio progresa a etapas de toxicidad más avanzadas, las cuales llamamos enfermedades.

Sexto, parte del proceso inflamatorio tóxico de nuestros antepasados ("...que castigo la iniquidad de los padres sobre los hijos hasta la tercera y cuarta generación..." Éxodo 20:5) nos hace propensos a ciertas enfermedades más que a otras, dependiendo de la toxicidad de nuestros estilos de vida.

Séptimo, la mayoría de las terapias de la medicina moderna se enfocan en eliminar los síntomas (aliviar) pero no se enfocan en eliminar la causa (sanar) de la enfermedad. Por eso las terapias que tratan los síntomas no resuelven nada permanentemente, y permiten que la toxicidad progrese a enfermedades más graves.

Octavo, la peor toxicidad se debe al efecto mental de las emociones tóxicas que son guardadas en la parte subconsciente de nuestras mentes, de donde sutilmente nos auto infligimos nuestras peores enfermedades. Es en esta situación donde la clave del perdón tiene los mejores resultados.

Noveno, el proceso de sanación más efectivo es la desintoxicación de toda la toxicidad física y mental acumulada y la reversión del proceso inicial que originó la intoxicación.

Décimo, para que sea efectivo, el proceso debe llevarlo a cabo la persona que lo ocasionó y no puede sanarse por ningún terapeuta externo, sea terrenal o espiritual.

Undécimo, la fe facilita el proceso al reconectar al hijo del hombre con el hijo de Dios, pero la sanación final no ocurrirá sin el esfuerzo de aprender la lección de amor escondida dentro del sufrimiento de la enfermedad y aceptar la responsabilidad en su creación.

Duodécimo, la anterior nos ayuda a eliminar el sentimiento de que la culpa es de otros, y a evitar crear una sensación de víctimas inocentes de un destino injusto. Aún los desequilibrios heredados pueden ser corregidos por la nueva ciencia de la epigenética que nos permite eliminar los efectos tóxicos de nuestro genoma.

Cuando el hijo del hombre recuerda su origen como hijo de Dios empieza a ver todas las experiencias de sufrimiento como lecciones de amor, donde entiende cómo le aplica la siguiente oración, "Dios le ofrece las pruebas más difíciles a los mejores estudiantes", lo cual lo convierte en un aliado de la luz y el amor para ayudar a purificar la toxicidad (pecados) cometida por sus antepasados cuando, "no sabían lo que hacían".

Ejercicios para interiorizar el mensaje

Comiencen con la práctica de la Meditación del Baño Colorido de Amor (ver referencias y recursos).

Sin perder un solo minuto debemos eliminar todo estilo de vida tóxico y convertirlo en uno bioético, que elimina todo producto animal y procesado de nuestra alimentación y toda actitud egoísta y exclusiva que no nos deje vivir en armonía con la ley de oro en nuestras vidas. Una de las dietas más bioéticas es la vegana y en mi opinión, el ayuno sustentado propuesto por el Dr. Norman González Chacón, padre de la medicina natural en Puerto Rico, es la más apropiada.

Para empezar a sanar la toxicidad de la culpa creada por las emociones que viven encarceladas en nuestra subconsciencia debemos liberarla con el ejercicio de la clave del perdón.

CITA #33

Todos los caminos llevan al cielo pero no a la misma vez.

Para facilitar el proceso de entender el mensaje que esta oración incluye, quizás deban revisar la explicación previa de esta oración: "El nombre de Dios es tan grande que no me cabe en la boca". Recordemos que toda interpretación de Dios que el hombre formula está limitada por la experiencia individual en su travesía y la limitación normal de ver el universo por los ojos del hijo del hombre sin reconocer la visión más amplia del hijo de Dios.

Todas las visiones religiosas que nos han apoyado en el esfuerzo de tratar de entender el mensaje de amor y solidaridad del hijo de Dios han ayudado a los hombres según el ambiente histórico, geográfico y social de sus vidas. Todas tratan de hacer que el ser recuerde su origen y lo ayudan a encontrar el camino de regreso a la casa de su padre, como el hijo pródigo, después de haber aprendido su lección de amor. Pero cada uno de los caminantes universales de la creación progresa con su propio ritmo, ya que la paciencia de la mente primordial creadora es infinita.

Por eso, en nuestras experiencias familiares y sociales, debemos evitar imponer a otros nuestras creencias y nuestro progreso en la búsqueda de nuestro regreso al cielo (casa de nuestro padre) y desarrollar la paciencia que el Creador ha tenido con nosotros.

Ejercicios Para Interiorizar El Mensaje

Comiencen con la práctica de la Meditación del Baño Colorido de Amor (ver referencias y recursos).

Revisemos cómo nuestras creencias han cambiado desde nuestra crianza, donde muchos nos hemos separado de la manera en que nuestros padres nos criaron. Observemos cómo en nuestro ámbito familiar, laboral y escolar pueden existir muchas formas de buscar el camino de regreso. Reconozcamos que lo que nos une en nuestras relaciones personales es cómo compartimos el mensaje universal de la ley de oro, aunque nuestras formas de adoración y práctica sean diferentes.

Noten qué factores llevaron a cada uno a buscar otros formatos de práctica que no tenían sus causas en el mensaje religioso individual, sino en las acciones inapropiadas humanas de los feligreses y representantes eclesiásticos de las religiones. Por ejemplo, a muchos les gusta expresar en alabanza vivaz el amor y respeto hacia Dios, mientras otros prefieren el silencio y recogimiento para entender el mensaje. Nosotros, como hijos del hombre, vamos madurando nuestra concepción de Dios, y estas nuevas visiones necesitan diferentes formatos para acercarnos a entender y vivir el mensaje de la ley de oro en nuestras vidas.

CITA #34

Las emociones pueden ser instrumentos para amar o armas para destruir, y el libre albedrío implica la responsabilidad de atenerte a las consecuencias de tu decisión.

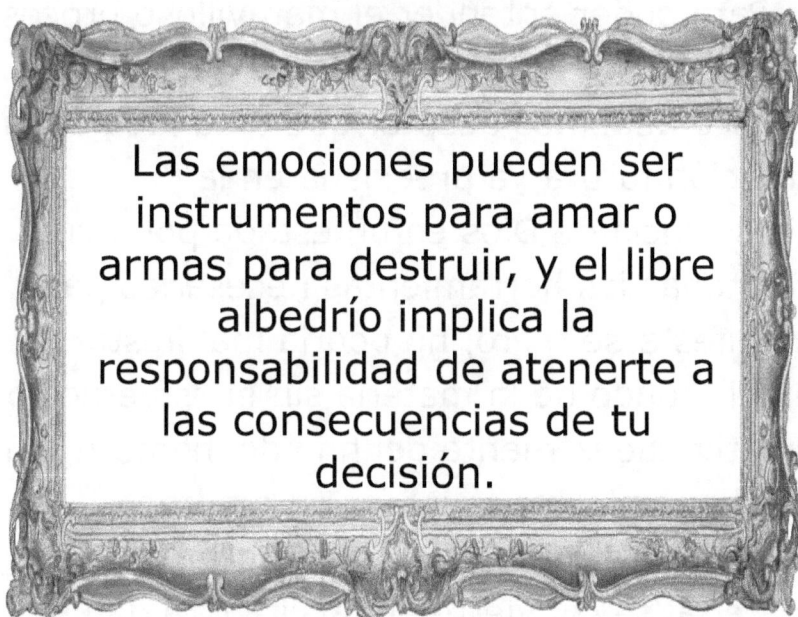

Para entender el poderoso efecto de las emociones debemos primero dilucidar cómo la mente de Dios responsabilizó al hombre en el proceso co-creativo universal al proveerle libre albedrío. Debemos comprender cómo la experiencia de vivir afecta nuestra intención creativa. La ciencia de la física cuántica confirmó el poder del pensamiento del observador sobre la materia (partículas subatómicas) que compone todo lo manifestado en el universo. Esto confirma el control de la materia por la mente, o de lo inmaterial sobre lo material.

Para poder entender el maravilloso proceso creativo de la Mente Primordial o Espejo Mágico debemos aceptar que toda idea de la creación futura ya preexistía en la consciencia de Dios en un estado potencial con todas las herramientas necesarias para manifestarse. Pero, no podría manifestarse en el mundo de la materia sin el esfuerzo co-creativo de la mente del hijo del hombre, que es el que plasma la intención amorosa inclusiva del Espíritu en la materia. <u>La mente material se convierte en facilitadora del proceso creativo cuando Dios permite el uso del libre albedrío para encontrar las piezas del rompecabezas celestial y unirlas con la inclusividad del amor.</u>

Este proceso creativo del hijo del hombre se convierte en uno cooperativo, donde la mente primordial nos permite ser co-creadores de su universo y nos responsabiliza por los resultados con la ley del libre albedrío, que nos lleva a aprender por el acierto o error de nuestra intención. Este proceso de aprendizaje está guiado directamente por el tipo de intención del hijo del hombre durante el mismo. Para poder facilitar la intención creativa de Dios el hijo del hombre debe guiarse por la intención del hijo de Dios, que a su vez se guía por el amor inclusivo de todos sus hijos y no por la intención exclusiva (egoísta) del hijo del hombre que solo se preocupa por la suya individual.

Podríamos resumir que hay dos intenciones en el proceso de co-creación: la inclusiva (amorosa) guiada por el "nos", y la exclusiva (egoísta) guiada por el "yo" creado por el ego del hijo del hombre. Las intenciones inclusivas crean experiencias solidarias de amor para el co-creador y los que le rodean, y las intenciones exclusivas crean experiencias individuales del "yo-tu", que traen felicidad a algunos e infelicidad a otros. Las co-creaciones inclusivas son eternas, mientras que las exclusivas son transitorias.

Las experiencias exclusivas nunca

satisfacen al hijo del hombre, ya que la reacción de satisfacción transitoria genera emociones positivas cuando las experiencias son agradables y emociones negativas cuando son desagradables. El apego (ver definición) a siempre esperar experiencias agradables nos hace sufrir cuando no las tenemos. Las emociones negativas como el coraje y la envidia intoxican nuestra alma con el veneno que le preparamos a otros cuando los culpamos por nuestro sufrimiento. Esto la ciencia lo identifica como el estrés, que carcome nuestras vidas.

Para los pobres de espíritu, que son mentes muy inmaduras y débiles, la fuerza de las palabras ofensivas pronunciadas por figuras de poder como padres y parejas pueden ser peor que golpes físicos sobre el cuerpo. Esas experiencias se archivan en estas mentes dejando cicatrices sin sanar por toda una vida.

Ejercicios Para Interiorizar El Mensaje

Comiencen con la práctica de la Meditación

del Baño Colorido de Amor (ver referencias y recursos).

Repasemos cómo nos hemos dedicado a buscar nuestra felicidad y recordemos nuestros momentos más felices e infelices. Recordemos cuál fue la intención que nos guió. ¿Fue inclusiva o exclusiva? De las experiencias agradables, ¿cuántas perduraron permanentemente? ¿Qué conexión han observado entre sus emociones y los síntomas en su cuerpo físico? Observen cómo otros pueden disfrutar con experiencias que no les satisfacen a ustedes. ¿Qué características ustedes observan en los que admiran por estar felices en condiciones que ustedes no pueden estar? ¿Son las acciones de la respuesta anterior acciones inclusivas o exclusivas? ¿Qué han aprendido de los resultados de sus acciones exclusivas? Utilicen la meditación y la clave del perdón para reconectarse con su hijo de Dios y aprender a ser co-creadores (facilitadores) responsables con acciones inclusivas del "nos" y a eliminar las exclusivas del "yo-tu".

CITA #35

"Conocer es recordar" - Teoría de la reminiscencia según Platón.

Tanto Platón como el Buda desarrollaron esta sabiduría y enseñaban que la ignorancia del potencial que reside en la mente primordial y la enajenación de los efectos de las intenciones exclusivas del hijo del hombre (mente material) sobre otros eran la raíz del sufrimiento. Todo proceso de descubrimiento en nuestra experiencia terrenal es uno cosechado por la búsqueda interior del ser y no de la exploración física externa durante la travesía terrenal.

La verdadera sabiduría ocurre por la reconexión de la mente del hijo del hombre (espejo material) con la mente del hijo de Dios (Espejo Mágico), que activa una descarga maravillosa de ideas e instrumentos para facilitar la manifestación terrenal del hijo del hombre. La desconexión de la mente del hijo del hombre de la mente del hijo de Dios da origen a la vorágine emocional que nos mantiene en un sube y baja de apego y alegría con las experiencias agradables y rechazo y sufrimiento con las desagradables. Esta desconexión nos hace sentir abandonados por nuestra fuente de luz creadora, dando origen al ego y a las emociones que lo alimentan. Entonces, la acción que fomenta el ego nos impulsa a tomar acciones exclusivas que nos atrapan en el ciclo de co-crear experiencias transitorias. Estas experiencias son como espejismos o imitaciones de las originales que podríamos tener si nuestra intención estuviera basada en la inclusividad del amor y entendimiento del perdón.

El ego nos guía por un camino insaciable de ambición exclusiva que nunca satisface su hambre, como expresa esta oración: "Satisfacer a un hombre hambriento es fácil, pero satisfacer a uno ambicioso es imposible". El vacío espiritual que nos crea la desconexión con nuestra fuente de luz no lo puede llenar ninguna experiencia terrenal, y la hambruna del ego nunca se puede saciar. El libre albedrío, el perdón y la paciencia de nuestro creador nos permiten y responsabilizan al co-crear nuestros infiernos o cielos según dirigimos nuestra intenciones, exclusivas o inclusivas.

Ejercicios Para Interiorizar El Mensaje

Comiencen con la práctica de la Meditación del Baño Colorido de Amor (ver referencias y recursos).

Revisemos todos los momentos donde tuvimos experiencias co-creadoras inclusivas o exclusivas. ¿Cuáles de ellas promovieron más armonía y felicidad entre sus relaciones? ¿Cuáles crearon percepciones divergentes? ¿Recuerdan cómo aparecieron las ideas de las experiencias más inclusivas? Para facilitar su manifestación en sus vidas, ¿cuáles fueron más fáciles? ¿Cuáles presentaron más oposición interna y externa para ser aceptadas? ¿Qué o quién fue su detractor más fuerte?

Practiquemos la clave del perdón para todas aquellas ocasiones en que co-creamos ideas exclusivas, ya que siempre escondieron el tesoro de lecciones de amor que nos ayudan a escoger mejor los actos co-creativos futuros.

CITA #36

> El brillo del amor se esconde como un diamante en cada pedazo de carbón esperando que otro ser amoroso lo descubra con el brillo de su diamante ya pulido.

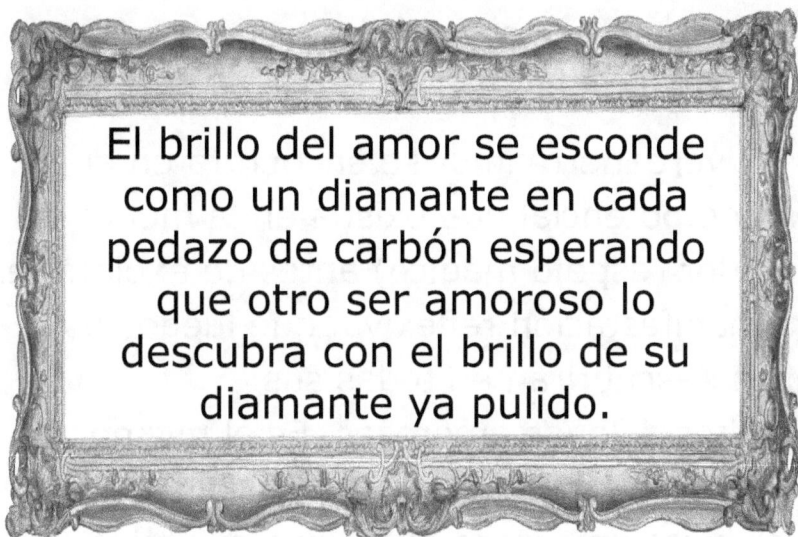

Esta es una de las oraciones que más sabiduría tiene y que al entenderla, más pacifica nuestras experiencias amorosas negativas. Su significado está discutido detalladamente en el capitulo VII del libro Espiritualidad 103 y del cual derivo la siguiente discusión. Según el espíritu toda la creación es amor: "Cuando el ser aprende a mirar con los ojos del espíritu solo ve amor". Debido a la distorsión visual del amor que ocurre en su espejo el ser humano o hijo del hombre solo puede percibir manifestaciones parciales proyectadas por sus estados emocionales. Por eso el amor puede tener variantes maternales, sexuales o religiosas que promueven su manifestación según la necesidad de las partes.

El verdadero amor se encuentra en el estado potencial que existía en la mente del creador (espejo mágico) antes de explotar en su manifestación reflexiva, que luego sus hijos descubrirán en todas sus manifestaciones amorosas. Es el mismo estado de donde nacen todas las ideas inclusivas amorosas que luego sus hijos plasmaran con su libre albedrío en diferentes realidades agradables o desagradables según sus intenciones inclusivas o exclusivas.

Es mi percepción que el amor del creador está escondido en cada mente y alma de cada hijo de Dios como un diamante sin pulir en un pedazo de carbón. El proceso de pulir y descubrir su brillo individual se obtiene con el aprendizaje encontrado en todas las lecciones de amor durante nuestro proceso exploratorio de la creación. Es este resplandor de nuestros diamantes el que promueve que otros se nos acerquen para aprender a pulir los suyos. Este proceso de sentirse atraído a otra persona por el brillo de su diamante es lo que se llama enamorarse. La relación que nace de esta atracción solo promueve el aprender cómo brillar su diamante, pero no implica que una de las partes le transfiere su brillo o pule el de la otra sin esfuerzo ninguno de la receptora.

Por eso las relaciones amorosas verdaderas no crean co-dependencia espiritual (cojos espirituales) sino seres que establecen relaciones interdependientes responsables. Aunque a los seres egoístas no les guste, ninguna relación amorosa es eterna. Todas tienen un principio y un final, que es determinado por la capacidad o incapacidad de las partes para seguir aprendiendo a brillar sus diamantes. Por eso nunca nadie puede romper nuestro corazón (diamante) o robarnos el brillo del mismo, porque al cesar la relación cada uno se lleva el resplandor del suyo intacto. El enfrentar con madurez los finales de estas historias nos dará la capacidad de perdonar las aparentes causas y seguir aprendiendo del brillo de nuevas relaciones. De esta forma no tendremos que buscar excusas para culpar a la otra parte por el final de la experiencia amorosa.

Ejercicios Para Interiorizar El Mensaje

Comiencen con la práctica de la Meditación del Baño Colorido de Amor (ver referencias y recursos).

Revisemos en detalle todas nuestras relaciones amorosas, desde sus inicios hasta sus finales. Recuerden cómo se sintieron en cada etapa de ellas, y qué ocasiono su cesación. Recuerden las cualidades que nos atrajeron al principio y qué pasó cuando ya no pudimos ver ese brillo (cualidades) al final. Según la claridad de sus mentes (espejos) observen cómo las emociones negativas distorsionaban su capacidad de ver el brillo de los diamantes suyos y de los otros. Si el resplandor del brillo del diamante de su amado/a se basaba en su apariencia material o posición social, observen cómo ese brillo era un espejismo que con el pasar del tiempo se disipaba.

Revisemos las veces que nos "rompieron el corazón" y ya que todas fueron experiencias destinadas como lecciones de amor y por medio de la clave del perdón, entendamos la lección escondida en cada experiencia sin asignar culpa ya que esas relaciones habían finalizado sus propósitos. Nunca perdamos la esperanza de amar y ser amados por las experiencias asociadas a los sufrimientos de las anteriores.

CITA #37

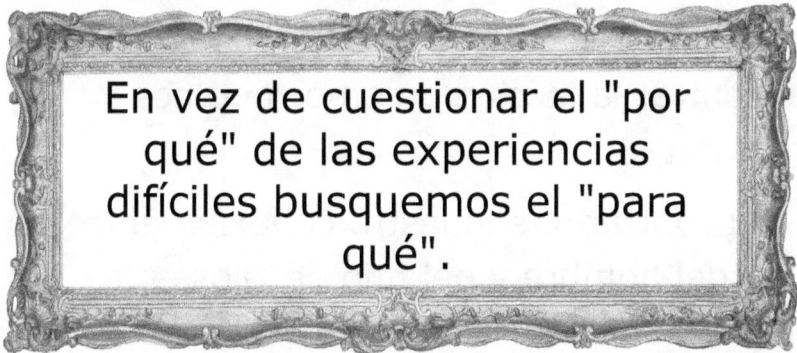

En vez de cuestionar el "por qué" de las experiencias difíciles busquemos el "para qué".

Para comprender esta oración primero revisen todo lo previamente discutido sobre las lecciones de amor escondidas en nuestros momentos difíciles. La desconexión que ocurre entre el hijo del hombre y el hijo de Dios genera una sensación de abandono y tristeza al no recordar nuestro origen espiritual y no entender nuestro propósito y co-responsabilidad en el proceso creativo universal. Esto nos incapacita de ver el universo con una mirada inclusiva, donde toda experiencia esconde una lección de amor por descubrir. Esta forma de entender las experiencias nos pone en rebeldía contra su propósito y nos lleva a cuestionar la sabiduría de la mente primordial creadora y el por qué del proceso. Esta actitud mental nos zambulle en un mar embravecido por emociones negativas que no nos deja encontrar la lección de amor que nos rescatará.

Al contrario, si nuestra conexión entre el hijo del hombre y del hijo de Dios está fuerte, la ausencia de las asfixiantes emociones negativas nos permite preguntar el "para qué" de la experiencia y aplicar las herramientas necesarias para descubrir el significado amoroso escondido.

Ejercicios Para Interiorizar El Mensaje

Comiencen con la práctica de la Meditación del Baño Colorido de Amor (ver referencias y recursos).

Usemos el ejercicio de la clave del perdón para liberarnos de todas las cárceles donde nos encerramos con los barrotes de las emociones. Recordemos lo mucho que maduramos con las experiencias difíciles que no cuestionamos como injustas, observando cómo otros en peores condiciones han surgidos victoriosos y nos dan la mano en las nuestras. Revisemos cómo el uso inapropiado del libre albedrío con intenciones exclusivas (egoístas) resultó en experiencias negativas que nos permitían rectificar nuestros errores.

CITA #38

Nuestras sombras parecen más tenebrosas cuando nos acercamos a la luz.

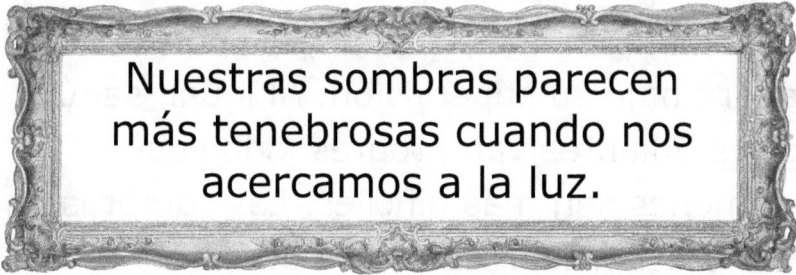

Para entender esta enigmática oración debemos revisar la co-responsabilidad que implica haber sido creados como hijos de Dios e hijos del hombre. En mi primer libro Espiritualidad 101 Para los Colgaos en la Escuela de la Vida propuse que la experiencia universal es parecida a una escolar, donde el universo se compara con un salón de clases donde todos los hijos de Dios están juntos sin importar el grado obtenido durante el proceso. Esta escuela no tiene un maestro encargado del proceso educativo, sino que todos los estudiantes comparten lo aprendido de los discípulos más avanzados con los de grados menores en una cadena infinita de

<u>amor, paciencia y compasión</u> que es el único currículo escolar requerido.

Este formato educativo implica que según el estudiante va avanzando a grados superiores, más discípulos y responsabilidad tendrá bajo su supervisión. Al igual, según los estudiantes van progresando sus exámenes son más difíciles. Las sombras en esta oración representan la gran responsabilidad que el estudiante afronta cada vez que se acerca a la sabiduría de la fuente creadora, la luz. Está implícito en este sistema escolar que el estudiante debe manifestar un grado de valentía significativa, que le permita tomar las pruebas con dificultad progresiva sin temor a fracasar. La valentía para afrontar sus sombras nace de lo aprendido de sus lecciones de amor y del recuerdo de su origen eterno de la luz y el amor.

Ejercicios Para Interiorizar El Mensaje

Comiencen con la práctica de la Meditación del Baño Colorido de Amor (ver referencias y

recursos).

Para poder mantener la actitud valiente para seguir tomando los exámenes, aunque hallamos fracasado algunos de ellos, debemos recordar cómo todos los fracasos que experimentamos anteriormente nos trajeron una lección de amor y que nunca se nos negó el derecho de tomar el examen nuevamente. Sintamos el orgullo de haber pasado exitosamente pruebas que parecían imposibles previamente. Sintamos la alegría que nos llena al ver cómo con nuestra ayuda otros estudiantes menos avanzados pasan sus exámenes y aprenden su lección de amor.

Mantengan su mente y corazón abierto al continuo proceso de aprender y enseñar que es la escuela universal.

CITA #39

La tierra que pisa un hombre con un corazón compasivo se convierte en tierra santa.

La mayoría de los hijos del hombre vivimos en un mundo de fantasía creado por el ego, que como un sueño nos hace creer que somos seres biológicos quienes en este universo ficticio tenemos un principio al nacer y un final al morir. Todas las creencias religiosas nos enseñan que lo sagrado está separado o externo al cuerpo y que la manera de purificarse es recibiendo bendiciones de los maestros y santos que fundaron las religiones o visitando lugares sagrados donde vivieron estos grandes seres.

¿Pero vale la pena preguntarnos cómo esos lugares o grandes seres se purificaron? La contestación esta inherente en la enseñanza que brindaron ellos en sus mensajes. Esto lo discuto en detalle en mi primer libro, Espiritualidad 101, donde el ser humano tiene una manifestación dual como hijo del hombre, que vive la experiencia de la vida terrenal y el hijo de Dios, el alma-espíritu, que guía al hijo del hombre en su travesía por la vida mundana. El problema es que el hijo del hombre en muchas ocasiones vive sin saber que el hijo de Dios está presente en su caminar en todo momento del sendero.

Según la tradición budista el Buda dijo, "La repuesta a la vida y a la muerte es simple,reside en la palma de mi mano". Jesús expresó, "La venida del reino de Dios no se puede someter a cálculos" (Lucas 17:20), "No van a decir: ¡Mírenlo acá! ¡Mírenlo allá! Dense cuenta de que el reino de Dios está entre ustedes." (Lucas 17:21). Mi interpretación es que lo sagrado de nuestro ser es la parte espiritual, o alma, que se incorpora al hijo del hombre al nacer y que el resto de su vida lo acompaña incesantemente.

Por lo tanto, la purificación del hijo del hombre es un acto de reconocimiento de lo sagrado que siempre lo ha acompañado en su vida y un estado de consciencia que siempre reside dentro de él. Por eso encontrar lo sagrado no es más que una acción de presencia mental, donde el ser actúa en una forma inclusiva, donde todo pensamiento está en sincronía con su palabra y su palabra se manifiesta en congruencia con su obra o acción. Es un estado armonioso de amor y compasión que genera felicidad en él y los que los rodean. <u>Este es el ser que vive con los pies en la tierra pero los ojos en el cielo.</u>

Por eso yo digo, "La tierra que pisa un hombre con un corazón compasivo se convierte en tierra santa."

Ejercicios Para Interiorizar El Mensaje

Comiencen con la práctica de la Meditación del Baño Colorido de Amor (ver referencias y recursos).

Revisen como han cambiado su manera de

interaccionar con otros (familia, amistades, discípulos y hermanos religiosos) según fueron descubriendo el hijo de Dios en sus corazones. Especialmente observen su cualidad de paciencia y compasión con sus errores y los de otros. Si todavía no han podido descubrir a su hijo de Dios interior, continúen practicando la clave del perdón con todo lo pasado que aun entienden como procesos de sufrimiento e infelicidad.

CITA #40

> La alegría de la reconexión no
> ocurriría sin la desconexión.
> Esa es la clave del perdón.

En estas oraciones está implícito que todo proceso del conocimiento está asociado al libre albedrío de aprender por nuestros errores, y que estos errores nos llevan a experimentar lecciones de amor que nos devuelven al sendero de regreso a nuestra fuente creadora. La desconexión genera la necesidad de crear un falso sustituto a nuestra mente primordial o Espejo Mágico, que es el ego que se nutre de la toxicidad emocional de nuestros sufrimientos. Pero paradójicamente, es la experiencia de sufrimiento la que despierta el recuerdo de nuestra luz en las sombras emocionales. Ese despertar al redescubrir la luz genera una sensación eufórica que nos llena de esperanza y nos impulsa hacia el camino del amor, entendimiento y compasión.

El proceso de reconexión está sujeto a entender que el sufrimiento ocasionado se basó en la ignorancia de los resultados o consecuencias de nuestras acciones exclusivas (egoístas), pero esa acción estaba implícitamente perdonada dentro de la ley del libre albedrío que nos permite seguir aprendiendo y corrigiendo nuestras acciones con estas lecciones amorosas de la vida. ¡Siempre les digo a mis pacientes que los hombres más sabios fueron los que más se equivocaron! Por eso la clave del perdón es una fuente de infinita alegría al reconectarnos con nuestros hermanos menores. Ellos, en nuestro pasado, no sabían lo que hacían y merecen nuestro perdón, ya que nosotros pasamos por lo mismo.

Esta reconexión es parecida a la experimentada por el hijo prodigo al volver arrepentido y ser recibido en los brazos abiertos de su padre amoroso, después de haber recordado el camino de regreso.

Ejercicios Para Interiorizar El Mensaje

Comiencen con la práctica de la Meditación del Baño Colorido de Amor (ver referencias y recursos).

No hay manera de describir la sensación maravillosa cuando dejamos de sentirnos presionados por nuestros egos a ser perfectos y cuando, al contrario, podemos sentir que no debemos tener miedo de fracasar cuando damos lo mejor que tenemos para perfeccionarnos. Nuestro Creador siempre aplaude nuestros esfuerzos además de los éxitos. El sentirnos amados indiscriminadamente por nuestra fuente de luz nos motiva a seguir buscando la perfección sin expectativas del resultado, y también nos capacita para tener paciencia y compasión con otros que también la están buscando.

El ejercicio de la clave del perdón es la llave para encontrar la reconexión final con nuestro Creador.

CITA #41

> Una intención compasiva siempre resulta en una acción amorosa.

El significado se infiere de su oración opuesta: una intención egoísta siempre resulta en una acción dolorosa. Revisemos de nuevo el libre albedrío, que nos permite aprender con los resultados de la naturaleza de la intención. Revisen la diferencia de las acciones inclusivas versus las exclusivas que discutimos previamente. Recuerden que lo inclusivo es la manera en que el espíritu observa su creación y todo lo que ve es amoroso (el "nos"), aunque ante los ojos de sus hijos sea una experiencia desagradable o lección de amor.

Lo exclusivo ve el universo en divisiones separadas entre lo tuyo y lo mío, (el "yo" y el "tú"), que están entrelazadas por el apego y no por el amor. Los lazos del apego son cementados a algunas partes de la creación por el egoísmo y los del amor son flexibles y adaptables a todas las partes del universo. Cuando se rompen los enlaces del apego, parecería ocurrir una explosión atómica de dolor, coraje y sufrimiento, pero al romperse los del amor, no hay ninguna liberación de energía emocional radiactiva.

Ejercicios Para Interiorizar El Mensaje

Comiencen con la práctica de la Meditación del Baño Colorido de Amor (ver referencias y recursos).

Para evitar repetir muchas lecciones dolorosas de amor, tengamos mas intenciones inclusivas y menos exclusivas. Revisemos en las diferentes etapas y experiencias de nuestra vida cómo la intención de una manera u otra nos llevó a lecciones de amor o experiencias inclusivas de amor. Usemos la clave del perdón para obtener lo aprendido de las lecciones de amor creadas por nuestras intenciones exclusivas y poder dirigir nuestras acciones a intenciones inclusivas de amor.

CITA #42

Toda intención amorosa tendrá un desenlace feliz, pero eso ocurre en el tiempo de Dios, no en el tuyo. Por eso nunca debes esperar el cambio cuando haces una ofrenda de amor.

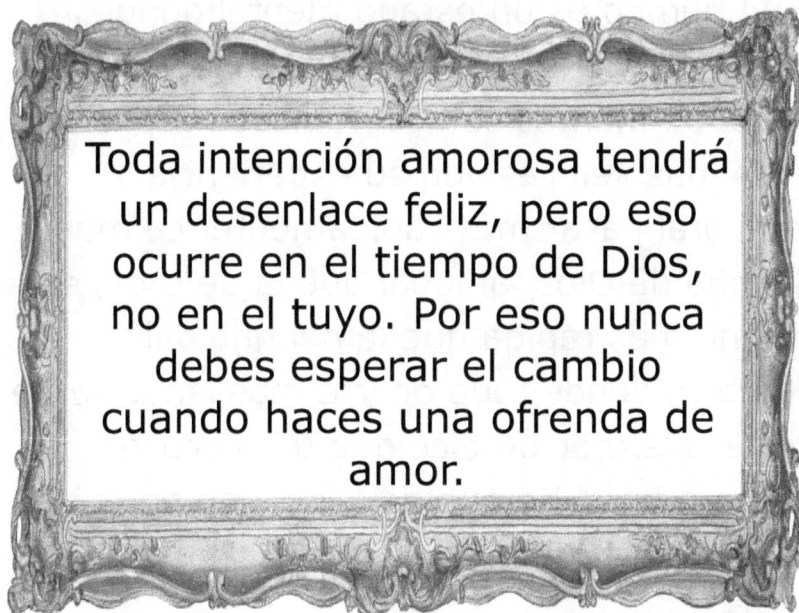

Antes de leer esta explicación revisen la discusión sobre el tiempo y la teoría de relatividad de Einstein. Recuerden que la noción del tiempo es muy individual según discutimos sobre los corredores y cómo el tiempo se distorsiona en nuestros sueños. El hijo del hombre vive regido por el tiempo que mide y compara con los cambios estacionales como el día y la noche y el envejecer y morir. El hijo de Dios que viene del universo antimateria se rige por un tiempo inmensurable según nuestros criterios terrenales.

El tiempo es un estado mental donde, como en el ejemplo de los corredores, nuestras mentes son como naves espaciales y las más veloces ven su experiencia temporal pasar más rápidamente. La mente del hijo de Dios, al igual que la de Dios, es mucho más rápida que la del hijo del hombre, donde todo ocurre más lentamente. Por eso la oración dice que todo ocurre primero en el tiempo de Dios y no en el del hijo del hombre.

Por eso toda idea, acción y resultado no siempre se manifestará en nuestro tiempo esperado. No debemos sentarnos a esperar el resultado de una intención amorosa (inclusiva) para sentirnos satisfechos, ya que esta puede ocurrir mucho tiempo después y no en nuestra perspectiva inmediata. La intención amorosa sí tiene un efecto inmediato en el proceso de la persona a la cual se dirige, donde por la necesidad y merecimiento de esa persona las condiciones en el tiempo de Dios maduran el resultado esperado. Nunca se pierde un esfuerzo amoroso inclusivo pero su manifestación puede ser totalmente diferente a lo esperado por el que tuvo la intención y acción amorosa.

Si nuestras ofrendas son ofrecidas como un contrato, donde esperamos recibir la vuelta en servicios compensatorios nuestro resultado, esta no será una acción amorosa sino una egoísta que no madurará en la persona que la recibe.

Ejercicios Para Interiorizar El Mensaje

Comiencen con la práctica de la Meditación del Baño Colorido de Amor (ver referencias y recursos).

Revisen sus vidas y traten de encontrar experiencias donde sus intenciones amorosas no tuvieron el resultado esperado y recuerden su reacción. Después recuerden eventos inesperados agradables en sus vidas que aparecieron aparentemente sin sentido. ¿Fueron estos fortuitos o resultados "tardíos" de acciones amorosas suyas o de otros? La ley de causa y efecto siempre se rige por el tiempo de Dios y no por el del hijo del hombre. Al igual recuerden cómo muchos planes personales fueron facilitados por personas o situaciones que parecieron ocurrir inesperadamente.

CITA #43

> Antes de conocer a Dios debes
> conocerte a ti mismo.
> ¡Atrévete!

Esta oración que se dice estaba escrita en el umbral del templo de Delfos, una de las escuelas iniciales de sabiduría griega, parecería prevenir que la sabiduría estaba escondida en nuestra mente. Y sugiere que, para poder descubrir este misterio, debemos ser valerosos. Revisen la discusión de la prominencia de nuestra sombra al acercarnos a la fuente de luz.

Esta oración es parecida a la manera de conocer nuestra sabiduría expresada por Platón y repetida por el Buda, "Aprender es recordar lo que ya hemos vivido". En mi libro Espiritualidad 103 expongo que podemos descubrir nuestra luz escondida dentro de las sombras creadas en nuestra mente (espejo material) si entendemos que son espejismos emocionales creados por el ego, que distorsionan la bella y pura reflexión de nuestra imagen del hijo de Dios en nuestro espejo o mente. Recuerden que somos una reflexión creativa en la imagen y semejanza del Espejo Mágico o mente de Dios. El mirar en nuestro interior la reflexión de nuestros espejos es un proceso aterrador, porque estas imágenes distorsionadas o sombras fueron creadas por las acciones inconscientes (exclusivas) de nuestras emociones y no entendemos que son totalmente ficticias y su fuerza depende de nuestra ignorancia de su origen.

Ejercicios Para Interiorizar El Mensaje

Comiencen con la práctica de la Meditación del Baño Colorido de Amor (ver referencias y recursos).

Para descubrir la luz escondida en nuestras sombras el ejercicio más efectivo es la clave del perdón, donde comprendemos que fueron creadas porque la soledad y desconexión con nuestra luz creadora nos envolvió en la exclusiva soledad del ego y sus emociones, que nos encerraron en una cárcel mental en nuestra subconsciencia. El proceso de auto perdonar nuestra incapacidad de entender esas lecciones de amor en aquel momento es la forma más rápida de liberarlas de su oscura prisión. Es importante entender que nuestro Creador no nos culpa por el proceso de errar en nuestro libre albedrío.

CITA #44

La paciencia y compasión nacen de lo aprendido de nuestros errores.

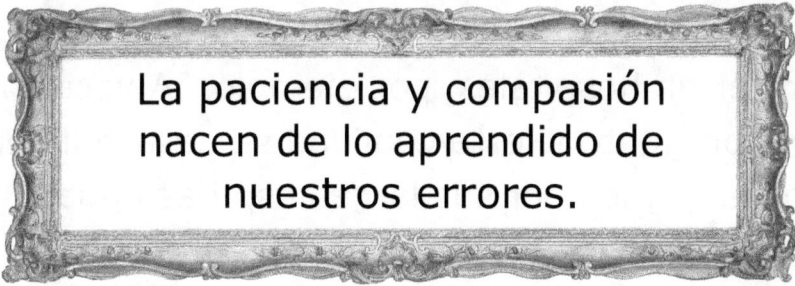

Para entender el significado detrás de esta oración primero estudiemos el origen de las palabras paciencia y compasión.

Definición de Paciencia- Se plantea tanto como actitud y capacidad de sobrellevar situaciones difíciles y conflictos de diversa índole. Se caracteriza porque quien la posee actúa con tranquilidad, es decir, que por más adversa que le resulte una realidad no pierde la calma. Se relaciona generalmente con el valor, la madurez y la perseverancia.

Etimología de paciencia- Proviene de la palabra pati en latín, que significa sufrir, lo cual se relaciona con que para desarrollar esta actitud hay que padecer y entender el sufrimiento de otros. Aquí se tiene en cuenta que el participio patiens se vincula al castellano con la palabra paciente, con el significado de "el que sufre" y que directamente se refiere a quienes se hacen tratar en hospitales, por ejemplo. ¡A veces me pregunto si esta cualidad se desarrolla en los enfermos por sus largas esperas en las oficinas de los médicos!

Definición de Compasión- La compasión, del latín cumpassio que significa "sufrir juntos", es un valor del ser humano que es capaz de comprender la situación del otro conectándose desde un sentimiento espontáneo de solidaridad para responder a sus necesidades.

Etimología de compasión- La compasión (del latín cumpassio, calco semántico o traducción del vocablo griego συμπάθεια (sympathia), palabra compuesta de συν πάσχω + = συμπάσχω, literalmente «sufrir juntos», «tratar con emociones ...», simpatía) es un sentimiento humano que se manifiesta a partir de y comprendiendo el sufrimiento de otro ser. Más intensa que la empatía, la compasión es la percepción y comprensión del sufrimiento del otro, y el deseo de aliviar, reducir o eliminar por completo tal sufrimiento.

Podemos entonces deducir que estas cualidades están vinculadas inexorablemente por la experiencia común del sufrimiento, cuando la simpatía o empatía nos permite entender la experiencia del sufrido como si fuera la nuestra. Esto casi siempre ocurre al recordar ocurrencias similares en nosotros o en otros seres queridos. Primero debe ocurrir el recuerdo de la experiencia similar que nos genera la compasión del otro, y luego al recordar que sobrellevamos esa situación, nos ofrece la paciencia para que nosotros y otros podamos hacerlo también. Por eso nuestras lecciones de amor o errores nos hacen seres más compasivos y pacientes con las de otros. Viene a mi mente la inmensa compasión encerrada en la cita bíblica, "Aquel de ustedes que esté libre de pecado, que tire la primera piedra." (Juan 8:7)

No confundamos la lástima con la compasión, ya que en la lástima el observador no entiende la experiencia del sufrido porque no piensa que le podrá ocurrir a él o a ella.

Todo este proceso está facilitado cuando nos perdonamos por haber olvidado la solidaridad de nuestra herencia común como hijos de Dios, y por la experiencia exclusiva y egoísta vivida como hijos del hombre.

Ejercicios Para Interiorizar El Mensaje

Comiencen con la práctica de la Meditación del Baño Colorido de Amor (ver referencias y recursos).

Revisemos nuestras vidas y realicemos cómo fuimos cambiando nuestra actitud juvenil de sentirnos inmortales e invulnerables a las experiencias que veíamos en otros y que nuestros padres nos prevenían podían ocurrirnos. ¿Por qué tuvimos que esperar que nos ocurrieran para sensibilizarnos con las que se presentaban en otros? Nos recuerda esto el refrán, "Nadie aprende en cabeza ajena".

No seamos testarudos y enfoquemos

nuestros esfuerzos en acciones inclusivas que resulten en resultados amorosos en nosotros y en todos los hijos del hombre con quienes compartimos esta experiencia universal. Practiquemos la clave del perdón y encontremos la lección escondida en nuestras acciones exclusivas o egoístas en nuestras vidas.

CITA #45

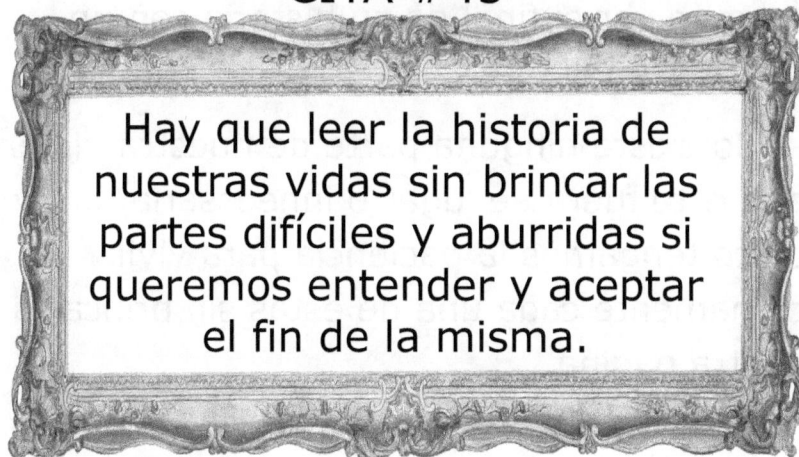

Hay que leer la historia de nuestras vidas sin brincar las partes difíciles y aburridas si queremos entender y aceptar el fin de la misma.

Solo en las fantasías que se describen en los cuentos de hadas y caricaturas de "Disney" ocurren siempre los finales felices. No existen historias humanas, familiares, religiosas o escolares donde no ocurran los contrastes de experiencias alegres con experiencias tristes.

Aunque en nuestra visión externa de las vidas de otros solo veamos las experiencias buenas, nunca podremos saber cómo los que las vivieron las percibieron según sus expectativas. Los seres que ya aprendieron a afrontar sus lecciones de amor con un ¿para qué? y no con un ¿por qué? siempre mantienen una sonrisa y actitud esperanzadora durante su proceso, que les permite ver el final de su historia con un desenlace feliz.

No existe ninguna parte de nuestra historia que esté fuera de lugar o innecesaria, por lo tanto tengamos la paciencia para vivir plenamente cada una de estas sin brincar a la otra página.

Ejercicios Para Interiorizar El Mensaje

Comiencen con la práctica de la Meditación del Baño Colorido de Amor (ver referencias y recursos).

Revisemos todas las partes que brincamos en nuestra historia y busquemos la lección de amor escondida que no entendimos en nuestra primera lectura. Por medio de la clave del perdón encontremos la sabiduría escondida en cada una de ellas. Ayudemos a nuestros seres queridos con nuestros testimonios de amor a nunca brincar esas partes en las historias de sus vidas.

CITA #46

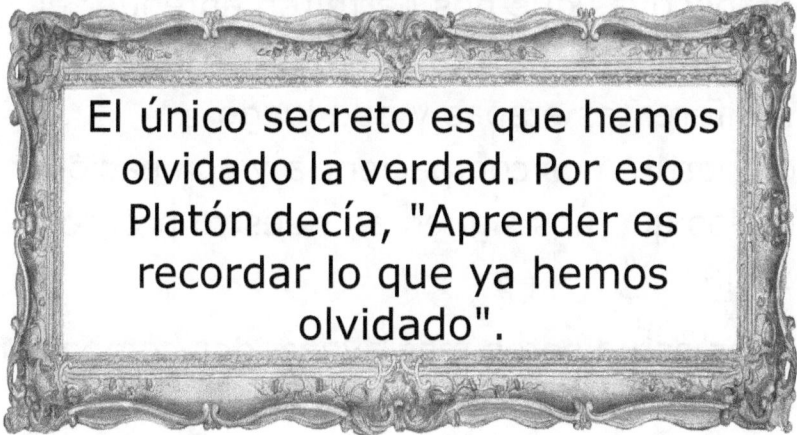

> El único secreto es que hemos olvidado la verdad. Por eso Platón decía, "Aprender es recordar lo que ya hemos olvidado".

No existe nada secreto para los hijos de Dios que recuerdan su origen espiritual. Sin embargo, lo que está disponible para la mente del hijo de Dios parece un misterio para los hijos del hombre que viven enajenados de todo conocimiento que el Creador escondió en sus corazones, como un tesoro para descubrir al recordar su origen.

La forma más rápida de recordar este conocimiento tan valioso es la amplitud de visión espiritual que obtenemos cada vez que pasamos exitosamente una de nuestras lecciones de amor, porque nos ayudan a reconectarnos con nuestra fuente creadora de luz y amor. Por eso, en la escuela de la vida, todos estamos en diferentes perspectivas que nos permiten entender el conocimiento atesorado en nuestro corazón en diferentes etapas y que luego compartiremos con paciencia y compasión con los que nos siguen en nuestro progreso escolar.

Los estudiantes más avanzados comparten sus testimonios con los que los siguen en su experiencia escolar, pero nunca les hacen sus asignaciones ni les ayudan a tomar sus exámenes. Por eso nadie puede ofrecer o vender cursos que le ofrezcan los "secretos" que garanticen progresar de grados en la escuela de la vida sin tomar sus exámenes correspondientes.

Ejercicios Para Interiorizar El Mensaje

Comiencen con la práctica de la Meditación del Baño Colorido de Amor (ver referencias y recursos).

Revisemos cómo nuestras ideas más

creativas aparecieron en nuestras vidas. ¿Se obtuvieron de una fuente de lectura o surgieron espontáneamente de nuestro interior? Noten cómo muchas de sus ideas concuerdan con las de otros seres que ustedes no conocían ni habían leído sobre ellos. Esto refleja el origen común de donde recordamos estas ideas y por las cuales no podemos darnos crédito, ya que provienen de la mente primordial creadora que nos permite plasmarlas en nuestra experiencia material. Por eso debemos sentirnos agradecidos cuando otros recuerdan estas maravillosas ideas que luego comparten con la humanidad y nunca sentir envidia porque no las recordamos nosotros. Toda la sabiduría viene de la mente del Creador que nos da la oportunidad de manifestarla en su creación para el beneficio de todos los hijos del hombre. Siempre visualicemos el proceso creativo como inclusivo de todos nosotros y no exclusivo de algunos de nosotros.

CITA #47

> El libre albedrío implica la gran responsabilidad de escoger y afrontar las consecuencias de la acción tomada.

El libre albedrío es un privilegio que nos permite escoger responsablemente las alternativas discrecionales que nuestras capacidades nos permitan, utilizando la motivación inclusiva de la ley de oro para afrontar las consecuencias de estas decisiones. Este privilegio no es un pase al libertinaje irresponsable, inconsciente e insensible de tomar cualquier acción que se fundamente en intenciones exclusivas y egoístas. La ley del amor o causa y efecto se encargará rápidamente de equilibrar esos efectos egoístas con nuevas y variadas lecciones de amor para que entendamos las consecuencias irresponsables de las mismas.

Ejercicios Para Interiorizar El Mensaje

Comiencen con la práctica de la Meditación del Baño Colorido de Amor (ver referencias y recursos).

Al revisar nuestra historia veamos cómo muchas de nuestras acciones exclusivas dentro de nuestra libertad de acción nos trajeron repercusiones muy dolorosas que nos llenaron de culpa y remordimiento. Entendamos que el libre albedrío no es tan libre ni es igual para todos ya que varía con la edad, capacidad, educación, situación económica y de género. El que yo pueda aprender a tocar un instrumento musical o cantar una melodía no me garantiza que pueda tocar en una orquesta sinfónica ni cantar en una ópera.

CITA #48

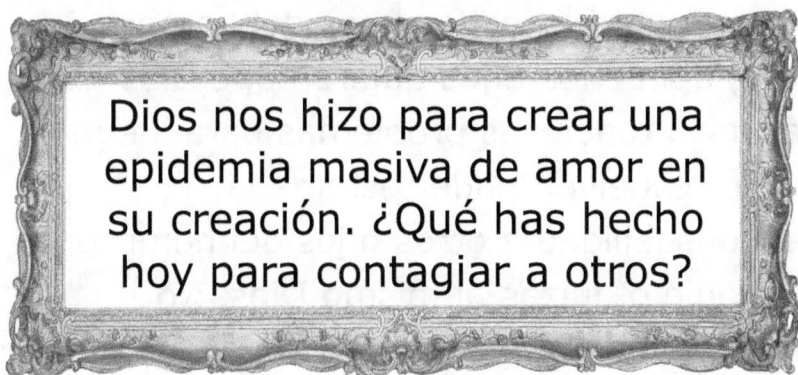

Dios nos hizo para crear una epidemia masiva de amor en su creación. ¿Qué has hecho hoy para contagiar a otros?

A los hijos del hombre les encanta que otros les resuelvan sus problemas y le tomen sus exámenes en la escuela de la vida para luego tomar el crédito de los resultados. A otros les gusta resolver los problemas de otros según sus criterios, de nuevo con la expectativa de reclamar el crédito del éxito obtenido. Estas relaciones se conocen como co-dependencias psicológicas y en mi libro, Espiritualidad 101, les llamo cojos espirituales. Uno usa al otro de bastón para amarrar tanto a la víctima débil co-dependiente como al poderoso victimario en un grillete común, como si fueran gemelos siameses que nunca podrán tomar decisiones independientes uno el otro.

Estas relaciones co-dependientes también ocurren entre muchos hijos del hombre y Dios, donde los hijos quieren que Dios les resuelva todos sus problemas para luego si no se resuelven poder echarle la responsabilidad a otros hijos del hombre, al demonio o quizás al mismo Dios. No entienden el propósito de la creación del hijo del hombre y la co-responsabilidad creativa que tiene el hijo con su Padre. La única manera en que el amor del Creador se puede manifestar en su creación es por medio de su hijo amado como lo hizo con Jesús. Cada uno de los hijos de Dios llevamos la semilla del amor potencialmente como un virus infeccioso, donde solo tenemos que contaminar a otros con esa infección maravillosa que es el amor de nuestro padre por su creación.

Ejercicios Para Interiorizar El Mensaje

Comiencen con la práctica de la Meditación

del Baño Colorido de Amor (ver referencias y recursos).

Recordemos cómo alguien nos infectó con el amor por primera vez. Recordemos cómo hemos infectado a otros. Una de las formas más infecciosas es una sonrisa y otra es un abrazo. A veces prestar nuestro oído sin enjuiciar y comentar sobre lo escuchado es otra forma de contagio. Igualmente, dar testimonio de nuestras debilidades similares en experiencias de sufrimiento de otros se convierte en otra forma de crear la pandemia. Y finalmente, el perdonar las acciones exclusivas y egoístas de otros sobre nosotros es otra forma de diseminar la infección.

CITA #49

No respondas a las sombras de los guerreros con tu sombra; responde con tu luz y así los ayudarás a ver la suya.

Esta es una de mis oraciones favoritas que expongo por primera vez en el libro Espiritualidad 103: La Clave del Perdón, donde la trama se enfoca en una batalla imaginaria entre los guerreros de la luz (hijos de Dios) y los guerreros de las sombras (hijos del hombre). Aquí las sombras son los dragones creados por las experiencias emocionales que distorsionan la pureza de la imagen original del guerrero de la luz reflejada en el Espejo Mágico (mente) del Creador. Estas sombras son monstruos ficticios creados por las emociones negativas promovidas por las acciones exclusivas del ego, que luego nos acosan en nuestra vida.

Estas sombras viven en la parte más profunda de nuestra subconsciencia, desde donde nos atacan subliminalmente tanto en los sueños como en nuestro estado de vigilia en el día. Su reino es el mundo de las sombras tenebrosas emocionales de la exclusividad del ego, donde la luz del amor no existe. Los hijos del hombre o guerreros de las sombras, guiados por la ceguera del egoísmo, entran en batallas mentales donde se atacan mutuamente con sus sombras, lo cual solo refuerza y reproduce mas sombras que se unen a la batalla.

Lo único que puede pacificar a estos guerreros es llevar la luz del amor a sus prisiones subconscientes para que ellos puedan ir descubriendo la bella y perfecta imagen del guerrero de la luz que inicialmente eran.

Ejercicios Para Interiorizar El Mensaje

Comiencen con la práctica de la Meditación del Baño Colorido de Amor (ver referencias y

recursos).

Recuerden cómo toda interacción social, familiar, matrimonial, laboral y religiosa fue entorpecida por los intercambios emocionales que surgieron entre las sombras de cada una de las partes. Recuerden cómo el miedo, coraje, envidia, celos, rencores, odio, etcétera generó una rotura en la comunicación amorosa entre las partes que avivó el fuego emocional a niveles peligrosos. Recuerden cómo los hijos del hombre parecían transformarse en seres irracionales, insensibles, violentos que se parecían cada vez más a los monstruos grotescos de sus sombras.

Observen cómo los efectos de alcohol, drogas ilícitas y recetadas promueven estas batallas con nuestras sombras y las de otros.

CITA #50

La vida es como un viaje: lo importante no es llegar, sino todo lo que ocurre después de salir.

Como en todo viaje de placer, si se hace por transportación rápida sea por tren o aérea, si solo disfrutamos del lugar del destino final nunca podremos afirmar que conocemos ese país. Si no sino hemos recorrido a pie, en auto o bicicleta los caminos secundarios, aldeas y los seres que habitan en estas no experimentamos el lugar en todo su esplendor. Mis mejores experiencias turísticas que han sido sin seguir los mapas turísticos, cuando me he desviado por un camino desconocido o visitado un pueblo fuera de mi plan turístico.

Ejercicios Para Interiorizar El Mensaje

Comiencen con la práctica de la Meditación del Baño Colorido de Amor (ver referencias y recursos).

Los que se dedican a viajar por destinos turísticos recomendados acaban encerrándose en hoteles todo incluidos, que limitan aun más la capacidad de ver lugares que realmente no son muy diferentes a los centros turísticos de sus propios países. Recuerden cómo haciendo turismo interno en nuestros países continuamente descubrimos bellos lugares para disfrutar sin tanto costo para el bolsillo.

CITA #51

Satisfacer un hombre hambriento es fácil, pero a uno ambicioso, imposible.

Esta oración se relaciona a lo que satisface al hombre de acuerdo con el tipo de necesidad que busca satisfacer. Hay necesidades básicas del cuerpo físico que concuerdan con todas las del reino animal, pero las necesidades mentales y emocionales del ser humano que no ocurren en los animales son más difíciles de gratificar. La riqueza material, el poder político, la juventud y belleza exterior pueden satisfacer de manera parcial y temporera a los que envidian a los que tienen sus necesidades básicas llenas. Pero la ambición nunca sera satisfecha ya que siempre verá a otros que obtienen más de lo que ellos aun desean, y envidian por no tenerlo.

Por eso el vacío espiritual del ser humano nunca podrá ser satisfecho por los alimentos materiales no importa su valor material. Irónicamente, la única forma de saciar al hombre ambicioso es satisfaciendo el vacío de amor que existe en su alma desde que se olvidó de su origen de la luz y es imposible que otro lo haga, porque cada quién debe buscar el sustento espiritual dentro de su corazón.

Ejercicios Para Interiorizar El Mensaje

Comiencen con la práctica de la Meditación del Baño Colorido de Amor (ver referencias y recursos).

Revisen cómo han buscado saciar los diferentes tipos de hambre y cómo, al satisfacer lo básico, aparecieron hambres emocionales y mentales que fueron imposibles de saciar permanentemente. Recuerden cómo al mejorar su situación social y económica fueron progresivamente desarrollando más ambición y menos satisfacción por lo obtenido. Revisen sus estilos de comer fuera, sus autos, sus grupos sociales, sus escuelas versus las que mandaron a sus hijos y sus estilos vacacionales y verán como nunca se sintieron conformes con lo obtenido.

Recuerden la voracidad de su ambición según fueron pasando los años y vean cómo nunca pudieron saciarla. Piensen si en algún momento cambiaron su visión y decidieron buscar el maná que brotaba interiormente de su espíritu. Si usan el ejercicio de la clave del perdón podrán mitigar progresivamente el hambre ambicioso del hijo del hombre con la empatía y compasión que nace de aprender a compartir la creación con todos nuestros hermanos de la luz.

CITA #52

> El maestro no es más que un discípulo a quien le gusta ayudar a otros a encontrar su maestría.

Por mucho tiempo mi concepto de maestros espirituales estaba falsamente glorificado por las descripciones de los grandes maestros de las diferentes escuelas religiosas y sus santos. Las historias de sus vidas estaban plasmadas con numerosas experiencias milagrosas, actos y sacrificios sobrehumanos que los colocaban en pedestales aparente inaccesibles a nuestra capacidad humana. Esto no me permitía sentirme capaz de imitarlos en su vivencia humana.

No fue hasta que empecé a revisar las lecciones de amor de mi vida que pude reconocer la maestría de muchos seres que me apoyaron durante esas experiencias, mayormente con su ejemplo, paciencia y compasión, y que en ningún momento se atribuían cualidades especiales por sus logros. Al contrario, estos seres nos brindan con sus testimonios el consuelo y la esperanza de poder aprender las mismas cualidades de la sabiduría que les permitieron a ellos alcanzar la suya.

Como dice la canción, "el camino se hace al andar", el maestro y su maestría se hacen aprendiendo y enseñando continuamente, y es un proceso interminable en la cadena educativa de la escuela de la vida. No hay sensación de más satisfacción que ver cómo nuestros discípulos nos mejoran en las acciones de sus vidas al sobrepasar la sabiduría aprendida sin limitaciones.

Ejercicios Para Interiorizar El Mensaje

Comiencen con la práctica de la Meditación del Baño Colorido de Amor (ver referencias y recursos).

Primero reconozcan a todos los seres que les ofrecieron amorosamente su sabiduría en sus ejemplos y testimonios. Luego hagan un ejercicio de agradecimiento por cada uno de ellos y comprométanse a continuar incesablemente este bello compartir de la sabiduría que vamos descubriendo dentro de nuestro interior. Entiendan y perdonen a los que con sus malos ejemplos los alejaron de estas acciones exclusivas y egoístas porque también fueron sus maestros.

REFERENCIAS Y RECURSOS

Meditación de un Colorido Baño de Luz

(Meditación del Guerrero de la Luz)

(Capítulo VIII, Espiritualidad 103, La Clave del Perdón: Descifrando la Luz de Nuestras Sombras, Iván Figueroa Otero, MD)

Sentados en una posición cómoda con nuestra espalda vertical y nuestra cabeza erguida, visualicemos en nuestro espejo, una fuente de fuerza o energía espiritual que nos haga sentir protegidos. Por ejemplo, la figura del Guerrero de la Luz, o cualquier figura religiosa preferida, de apariencia joven, sonriente y de pie, con sus brazos abiertos y emanando rayos de luz multicolor desde el centro de su corazón hacia el corazón nuestro, en el cual existe un espejo con una pequeña semilla.

Entendamos el significado del ejercicio. El guerrero representa la manifestación humana de la luz, que es la fuerza del amor que nos reflejó de su Espejo Mágico en su interés que conociéramos toda la inmensidad de su creación. Los rayos multicolores representan las infinitas maneras en las que se pude manifestar o reflejar el amor entre nosotros. La semilla en nuestro corazón representa la forma latente del Guerrero de Luz que reside en el Guerrero de las Sombras.

Según esos rayos de luz llenan nuestro corazón-espejo, vamos a sentirnos amados y protegidos por el amor, y observemos como la pequeña semilla empieza a abrirse y a su vez emana los múltiples colores del amor hacia todas partes. Inicialmente, imaginemos que esos colores nos dan un baño de luz amorosa y van a todas las partes de nuestro cuerpo, especialmente aquellas donde hay alguna cicatriz emocional, y veamos cómo estas son pacificadas y sanadas.

Luego que la alegría y el bienestar nos han llenado, vamos a compartir el mismo con todos los otros guerreros, especialmente con aquellos que nos han lastimado por la ignorancia de su luz.

Visualicemos entonces, que desde nuestro corazón-espejo parten rayos multicolores hacia todos los guerreros sin distinción, incluyendo a los que ya han partido del mundo, y aquellos que en nuestra forma de pensar han traído sufrimiento a nuestras vidas. Dediquemos unos minutos a esta acción y luego descansemos nuestra mente en el silencio por unos minutos adicionales. Acabemos dando gracias por esta oportunidad. Hagamos este ejercicio todos los días al levantarnos y acostarnos.

Al final, para mantener nuestra mente en un estado de tranquilidad, imaginemos que nuestros pensamientos son como nubes en el cielo y que nuestro estado de paz natural es como el azul del cielo. Dejemos pasar nuestros pensamientos como si fueran nubes sin seguirlos y concentrémonos en el azul del cielo, nuestro estado natural.

Libros que me ayudaron a crear mi visión, directa o indirectamente:

- La Biblia

- Khenchen Palden Sherab Rinpoche: Door To Inconceivable Wisdom and Compassion

- Kenchen Palden Sherab Rinpoche: Opening to Our Primordial Nature

- Franca Canónico: El Ser Uno (6 tomos) www.elseruno.com

- Lao-Tzu: Tao Te Ching

- Rabi Shimon bar Yojai: El Zohar

- Los Tres Iniciados: El Kybalion

- Paramahansa Yogananda: La Autobiografía de Un Yogi

- Platón: Los Diálogos

- Amit Goswami Ph.D.: The Self-Aware Universe

- Ken Wilder: A Brief History of everything

- Chogyam Trungpa: Cutting Through Spiritual Materialism

- M. Scott Peck: The Road Less Traveled
- Hermann Hesse: Siddhartha
- Shantideva: The Guide to the Bodhisattva Way Of Life
- Sogyal Rinpoche: The Tibetan Book of Living and Dying
- Jerry Jampolsky: Love Is Letting Go of Fear
- Richard Bach: Ilusiones
- Dr. Henry Benson: The Relaxation Response
- Helen Schucman: Un Curso de Milagros
- Deepak Chopra: Quantum Healing
- Khalil Gibran: El Profeta
- Dr. Norman González Chacon: BioÉtica: La Medicina Natural, Una Alternativa Moderna

SOBRE EL AUTOR

Iván Figueroa Otero, M.D. FACS, FAAMA

Luego de graduarse de la Escuela de Medicina de la Universidad de PR, el Dr. Figueroa Otero se entrena como Cirujano General en el Hospital Universitario de la UPR, integrando un fellowship de un año en el estudio del cáncer, y otro en investigación experimental y clínica. Hace estudios postgraduados en Cirugía Pediátrica en los hospitales Miami Children's Hospital y en el Hospital Municipal de San Juan, y es certificado a nivel nacional.

Buscando opciones no quirúrgicas o menos invasivas para las condiciones pediátricas, explora las filosofías orientales que enfatizaban un concepto integral. Fue uno de los primeros médicos en certificarse en acupuntura médica en Puerto Rico, entrenándose en medicina tradicional china y acupuntura con profesores de la Universidad de Sevilla. Eventualmente se certifica en acupuntura médica a nivel nacional.

En el 2009 se certifica en medicina de anti-envejecimiento y en diciembre de ese mismo año se retira de la práctica de la cirugía pediátrica, enfocándose solamente en una práctica integral de la medicina y enfatizando la prevención de la enfermedad y la modificación de estilos de vida. En el 2011 fue invitado a ser Trustee del American Board of Medical Acupuncture, que es el organismo nacional encargado de certificar médicos en el campo de la acupuntura por medio de exámenes nacionales. En ese mismo año es reconocido por la Revista Natural Awakenings como Médico Holístico del Año.

Actualmente se dedica a su práctica privada, y continúa en su rol de educador tratando de lograr la integración de cursos completos en acupuntura tradicional china al currículo de las escuelas de medicina, permitiéndole al médico certificarse tanto local como nacionalmente, y establecer protocolos de investigación clínica del uso de acupuntura en condiciones conocidas en comparación con la metodología establecida por la medicina moderna. Otra prioridad inmediata es la incorporación de las técnicas de meditación y su rol en la medicina preventiva y terapéutica.

El Dr. Figueroa Otero es el autor de la trilogía de la Escuela de la Vida, con los libros Espiritualidad 101: Para Los Colgaos De La Escuela De La Vida, Espiritualidad 1.2: Para Los Desconectados De La Escuela De La Vida, y Espiritualidad 103: La Clave del Perdón. Sus libros fueron galardonados con premios como Benjamin Franklin Award, NIEA Award, Readers Favorite, Beverly Hills Award y USA Best Book Awards. Además, han sido reseñados exitosamente por la revista Focus on Women y el Kirkus Book Review, entre otros.

www.ingramcontent.com/pod-product-compliance
Lightning Source LLC
LaVergne TN
LVHW051459080426
835509LV00017B/1816